Die Affaire Dreyfus.

Eine kriminalpolitische Studie

von

Otto Mittelstädt.

„Avant tout l'honneur de l'armée!"
(Oberst Henry zum Untersuchungsrichter Bertulus.)

BERLIN.
J. Guttentag, Verlagsbuchhandlung,
G. m. b. H.
1899.

Inhalt.

Vorwort.

Die Geschichte der „Affaire“ Dreyfus ist die Geschichte Frankreichs während der letzten Jahre. Die gesammte innere und, von ihr bedingt, ein erheblich Theil auswärtiger französischer Politik ist in dieser Zeit von der „Affaire“ beherrscht worden. Dies rechtfertigt den Versuch, den Dreyfushandel für deutsche Leser im Zusammenhange darzustellen. Zwar ist im gegenwärtigen Augenblicke weder der Dreyfusprozess formell, noch die politische „Affaire“ materiell beendigt. Doch haben, wie ich glaube, die Verhandlungen vor dem Kassationshofe und dessen Urtheil vom 3. Juni 1899 die sachlichen Elemente des Prozesses bereits heute derartig erschöpft, dass das noch ausstehende anderweite, ohnehin auf ein unmotivirtes Verdikt beschränkte Schlussurtheil des Kriegsgerichts in Rennes, es falle aus, wie es wolle, nach menschlicher Voraussicht der Sache keine neuen Momente von irgend welcher Bedeutung mehr zuzubringen vermag. Und das Ende der politischen „Affaire“ abzuwarten erscheint vollends ausgeschlossen. Denn darüber kann schon jetzt kein Zweifel obwalten, dass die Faktionen der Dreyfusgegner im Parlament wie in der Presse ihr wüstes Treiben ganz in der alten Manier fortzusetzen entschlossen sind, dass das Revisionsurtheil vom 3. Juni 1899 sie gänzlich unberührt gelassen hat und die „Affaire“ daher politisch fortwesen wird, bis sie in irgend einer kommenden Staatsumwälzung ihren endlichen Ausgang findet. Einstweilen müssen schon die verschiedenen, noch ihrer Entscheidung harrenden, mit der „Affaire“ konnexen Prozesse gegen Zola, Picquart, Joseph Reinach, du Paty etc., die man gern aboliren möchte und doch nicht gänzlich aboliren kann, das ihrige dazu beitragen, das Geschwür offen zu halten.

Die Schwierigkeiten der vorliegenden Darstellung lagen in der verwirrenden Ueberfülle des in zahllose Einzelheiten zerfallenen Stoffs. Die Peripetien, Zwischenfälle, dunkelen labyrinthischen Pfade des sich qualvoll fortentwickelnden Rechtshandels sind so mannichfache gewesen, dass es nicht ganz leicht ist, die Grundzüge überall durchsichtig zu erhalten, und von den wesentlichen Erscheinungen der fragwürdigen Vorgänge die unwesentlichen auszuscheiden. Die Aussicht, hierbei dem Wissens- oder dem Neugierbedürfniss eines deutschen Leserkreises überall gerecht zu werden, ist gering; unvermeidlich werden Vorgänge unerörtert bleiben oder nur flüchtig gestreift werden, die vielleicht diesen oder jenen Leser gerade besonders interessiren, und Zweifel zurückgelassen werden, auf deren Lösung hier oder dort gerade besonderer Werth gelegt wurde. Derartige Mängel der Darstellung muss der Leser nachsichtig hinnehmen. Mein Bemühen war wesentlich darauf gerichtet, mindestens die für die Beurtheilung dieses Stückes französischer Zeitgeschichte hauptsächlichsten Fakten und Daten an der Hand der stenographischen Berichte, der Enquêteprotokolle und der sonstigen Aktenstücke des Revisionsverfahrens thunlichst zuverlässig festzulegen. Insoweit es sich ausserhalb dieses urkundlich vorliegenden Aktenmaterials um die verborgenen Zusammenhänge des oft ausserordentlich verwickelten Intriguenspiels handelte, musste ich mich meist begnügen, die nach vorsichtiger Prüfung mir als die plausibelste erscheinende Version ohne weiteres als die den Thatsachen entsprechende zu behandeln. Hätte ich all' solchen als wahr unterstellten Wahrscheinlichkeiten stets die volle kritische Begründung mit auf den Weg geben wollen, meine Darstellung würde sich nur unendlich weitläufiger gestaltet haben, ohne dafür an Zuverlässigkeit zu gewinnen. Auch ob derartiger, mit dem Charakter der „Affaire" nun einmal unvermeidlich verknüpfter Lücken darf man mit mir nicht rechten.

Was ich sonst meiner Arbeit an persönlichem Beruf hinzugebracht, war eine gewisse Kenntniss französischen Volksthums und einige kriminalistische Erfahrung in deutsch-französischem Spionagewesen. Während des grössten Theils des Verlaufs der „Affaire" habe ich in Frankreich, theils in der Hauptstadt, theils in der Provinz gelebt, manche der betheiligten Menschen und Dinge aus nächster Nähe beobachten können. Mir fehlt jede deutsch-chauvinistische Anlage, ich liebe Frankreich und das doch nicht aus den Gewerbspolitikern allein bestehende französische Volk, ich durfte daher ohne Vorurtheil und Befangenheit über Dreyfus reden. Der Zufall hat es ferner gewollt, dass unter den mannigfach während meiner langjährigen Berufsthätigkeit als Mitglied des deutschen Staatsgerichtshofs vor uns verhandelten, von mir als Referent bearbeiteten Landesverrathssachen gegen Agenten der französischen Spionage einer der umfänglichsten und interessantesten Prozesse — gegen einen dänischen Kapitän P. — gerade mit den geheimen Wechselbeziehungen der Spionage und Gegenspionage einsetzte, die damals in Paris zwischen dem vom Oberst Vincent geleiteten Bureau des renseignements und unserem Militärbevollmächtigten, damaligen Oberstlieutenant Villaume — damals freilich zum ausschliesslichen Nutzen Deutschlands — ausgiebig gepflogen wurden. Diese Erlebnisse und Erfahrungen vergangenen Lebens waren ausreichend, dem Verfasser den Impuls für seine Arbeit subjektiv zu verstärken — ob sie der Schrift selbst objektiv zu Statten gekommen sind, steht nicht zu meinem Urtheil.

Venedig, 13. Juni 1899.

O. M.

Erster Abschnitt.

Die Geschichte des Prozesses Dreyfus.

1. Das erste Kriegsgericht (1894).

Am 15. Oktober 1894 wurde Alfred Dreyfus, Capitän der Artillerie und Hilfsarbeiter (stagiaire) im Grossen Generalstabe (état-major du ministère de la guerre) unter der Anschuldigung des Landesverraths (art. 76 ff. Code pénal) auf Befehl des damaligen Kriegsministers Mercier durch den zum untersuchungführenden Offizier (officier de police judiciaire) bestellten damaligen Kommandanten, späteren Obersten, du Paty de Clam verhaftet. Alfred Dreyfus, 1854 in Mülhausen im Elsass geboren, mosaischen Glaubens, hatte — als noch minderjährig durch seinen Vater — im Jahre 1872 für Frankreich optirt, die Militärschule, die polytechnische Schule und die Kriegsschule in Paris absolvirt, war im Jahre 1878 als Unterlieutenant in die Artillerie eingetreten, im Jahre 1889 zum Capitän, erst im 21., dann im 14. Artillerieregiment, befördert und seit dem Jahre 1893 zum Grossen Generalstabe kommandirt. Von seinen sechs Geschwistern sind drei Schwestern an Franzosen verheirathet, zwei Brüder, gleichfalls französischer Staatsangehörigkeit, in Frankreich domizilirt, und nur der älteste Bruder ist als Deutscher in Mülhausen verblieben. Das Alfred Dreyfus nach dem Tode des Vaters zugefallene Erbtheil betrug 235 000 Frcs.; bei seiner Verheirathung (1890) mit der Tochter eines Pariser Negocianten Hadamard hatte ihm seine Frau eine ansehnliche Mitgift zugebracht; die Jahresrevenuen, die das in der Dreyfus'schen Spinnfabrik in Mülhausen angelegte Gesammtvermögen dem Ehepaar abwarf, sind amtlich auf etwa 30 000 Frcs. beziffert worden.

Die Verdachtsgründe, die zur Verhaftung des Alfred Dreyfus geführt, beschränkten sich auf folgende Thatsachen. Während seiner gesammten bisherigen militärischen Laufbahn hatten ihn die dienstlichen Zeugnisse seiner Vorgesetzten ausnahmslos als einen sehr intelligenten, sehr begabten, sehr kenntnissreichen und strebsamen Offizier von tadellosem Lebenswandel ausgezeichnet. Erst um die Wende des Jahres 1894 scheint er sich irgendwie die Missgunst seiner nächsten Bureau-Vorgesetzten, des damaligen Oberstlieutenants, späteren Generals, Roget, sowie des Obersten Fabre zugezogen zu haben, und des Letzteren Zeugniss erklärte ihn mit einem Male wegen seines Charakters und seiner Manieren als für den Dienst im Generalstabe nicht geeignet. Doch hatte dieses gänzlich unmotivirte abfällige Urtheil auf Dreyfus äussere Stellung zunächst keinen Einfluss. Noch weniger war je gegen ihn das geringste Misstrauen bisher wach geworden, er könne Verrath gegen sein Vaterland verüben. — Da gelangten i. J. 1893 aus den trüben Quellen der im Ausland thätigen französischen Spione gewisse Nachrichten an das französische Kriegsministerium, irgend ein Offizier oder Angestellter speziell im zweiten Bureau des Generalstabs scheine geheim zu haltende Urkunden, Pläne der Festung Nizza u. dergl. an das Ausland (Italien) verrätherisch mitgetheilt zu haben. Diese Annahme wurde im Laufe des Jahres 1894 verstärkt durch geheime Mittheilungen, welche dem Generalstabe, speziell dem Bureau des renseignements, von seinen Pariser Agenten, theils freiwilliger, theils professioneller Gegenspionage — d. h. Auskundschaftern der von den Pariser Militärbevollmächtigten der fremden Mächte betriebenen Spionage — zugingen, sowie durch aufgefangene Korrespondenzen des deutschen Militärbevollmächtigten Obersten v. Schwartzkoppen. Das Bureau des renseignements bildet eine Unterabtheilung des zweiten mit der Organisation und Taktik der fremden Armeen offiziell betrauten Bureaus des Generalstabs, und bestand im Jahre 1894 aus dem Oberst Sandherr als Chef, dem Oberstlieutenant Cordier als Souschef, dem (damaligen) Kommandanten Henry, dem Kapitän Lauth und dem Archivisten Gribelin. Ausserhalb dieses, geographisch und administrativ völlig für sich bestehenden service des renseignements und seines versteckten

Waltens, bewegte sich die übrige Organisation des zweiten Bureaus, dem während des ersten Semesters 1894 Alfred Dreyfus nebst fünf anderen Offizieren als stagiaires zugetheilt war. Ende September 1894 nun tauchte in diesem Bureau des renseignements — angeblich von einem Pariser Geheimagenten dem diesen Verkehr persönlich vermittelnden Kommandanten Henry überbracht — das vielgenannte sog. Bordereau auf, ein undatirtes, ununterschriebenes Uebersendungsschreiben eines ungenannten Absenders an einen unbekannten und ungenannten Adressaten, angeblich den deutschen Militärbevollmächtigten in Paris, Obersten von Schwartzkoppen, jedenfalls nach Henry's und seines Gewährsmanns Angaben aus Schwartzkoppen'schem Besitz herstammend, und durch den Concierge oder einen sonstigen Bediensteten aus den Behältnissen des letzteren entfremdet. Um nach Aussen hin den Schein aufrecht zu erhalten, als habe ein glücklicher Zufall zur Entdeckung des Schriftstücks unter Papierkorbresten geführt, war im Bureau des renseignements die hyperschlaue Methode in Gang gekommen, die Papiere Schwartzkoppen'scher Herkunft regelmässig in zerrissenem Zustande in Empfang zu nehmen und sie dann erst zu rekonstruieren. Der Kontext dieses vielgenannten, nach dem oben geschilderten System aus vier Stücken künstlich zusammengeklebten Bordereau lautet wörtlich:

„Sans nouvelles m'indiquant que vous désirez me voir je vous adresse cependant, Monsieur, quelques renseignements intéressants:

1. Une note sur le frein hydraulique du 120 et la manière dont s'est conduite cette pièce.
2. Une note sur les troupes de couverture (quelques modifications sont apportées par le nouveau plan).
3. Une note sur une modification aux formations de l'artillerie.
4. Une note relative à Madagascar.
5. Le projet de manuel de tir de l'artillerie de campagne (14. Mars 1894).

Ce dernier document est extrêmement difficile à se procurer, et je ne puis l'avoir à ma disposition que très peu de jours. Le ministère de la guerre en a envoyé un nombre fixe dans les corps et les corps en sont responsables, chaque officier détenteur doit remettre le sien après les manœuvres. Si donc vous voulez y prendre ce qui vous intéresse et le tenir à ma disposition après, je le prendrai. A moins que vous ne vouliez que je le fasse copier in extenso et vous en adresser la copie. . . . Je vais partir en manœuvres".

Alles an diesem verhängnissvollen Schriftstück, Entstehungszeit*), Handschrift, Herkunft, Absender, Empfänger ist in Dunkel gehüllt. Gewiss ist, dass das Bureau des renseignements im Jahre 1894 direkt oder indirekt einen Concierge oder sonstigen Bediensteten sei es der deutschen Botschaft, sei es des Obersten v. Schwartzkoppen im Solde hatte, der aus des Letzteren Ueberzieher, Schreibtisch oder Papierkorbe Papiere entwendete und dem Generalstabe zutrug. Auf diesem euphemistisch als „voie ordinaire" bezeichneten Wege wollte Henry in den Besitz auch des Bordereau gelangt sein. Niemals während des ganzen langwierigen Prozesses ist jedoch der Gewährsmann Henry's mehr als andeutungsweise bezeichnet, niemals ist er identifizirt und gerichtsseitig verhört worden; dass das Bordereau jemals thatsächlich an seine Adresse gelangt ist, dass die darin aufgeführten Urkunden thatsächlich dem Adressaten mitgetheilt worden sind, ist eine Unterstellung, die nach wie vor ausschliesslich auf Henry's unkontrollirbaren Angaben über die Provenienz des Bordereau ruht. Als der General Gonse, Souschef des Generalstabes und Vorgesetzter des Obersten Sandherr, das Bordereau aus den Händen Henry's empfing, bestand es, wie erwähnt, aus vier zerrissenen Stücken dünnen liniirten Pauspapiers, denen man mittels Zusammenklebens die ursprüngliche Form zurückgegeben hatte. Von der Voraussetzung ausgehend, dass der Verfasser des Bordereau einer der Offiziere des Generalstabs, vermuthlich des

*) Die Vertreter des Generalstabs haben, was die vermuthliche Entstehungszeit des Bordereau anlangt, willkürlich zwischen April und August 1894 geschwankt, je nachdem das Datum sich für ihre Inkriminationen gegen Dreyfus oder ihre Exkulpationen des Esterhazy bequemer verwerthen liess. Im Prozesse gegen Dreyfus wurde von dem ersten, seit dem Zola-Prozesse vom späteren Datum ausgegangen.

zweiten Bureaus sein müsste, wurden zunächst die etatsmässigen Mitglieder desselben bezüglich ihres Verkehrs, ihrer Handschrift etc. im Geheimen sorgfältiger Beobachtung unterworfen, indessen ohne jeden Erfolg.

Als sich alsdann die Recherchen den Hülfsarbeitern (stagiaires) zuwandten, soll einer der Bureauchefs des Generalstabs (Oberst Fabre, Chef des 4. Bureaus und notorisch Alfred Dreyfus übel gesinnt), zuerst darauf verfallen sein, die ihm bekannte Handschrift des Alfred Dreyfus als mit der des Bordereau ähnlich zu verdächtigen. Es wurden in der Stille Schriftvergleichungen durch Experten veranlasst. Der erste mit der Schriftvergleichung echter Dreyfus'scher Handschriften mit dem Bordereau betraute Experte der Bank von Frankreich, Gobert, gelangte zu einem negativen Ergebnisse, der zweite, der vielgenannte Alfons Bertillon, den der damalige Pariser Polizeipräfekt Lépine dem Generalstabe nicht eigentlich als Schreibsachverständigen, sondern als Experten für etwaige photographische oder typographische Untersuchungen empfohlen hatte, sprach sich positiv für die Identität der Handschrift aus. Lediglich daraufhin erfolgte am nächstfolgenden Tage die Anordnung und Vollstreckung der Untersuchungshaft.

Ueber diesen aus der Handschrift des Bordereau hergeleiteten Verdacht ist die gesammte Voruntersuchung nicht hinausgekommen. Dreyfus bestritt fortgesetzt jede Urheberschaft oder Betheiligung, sei es am Bordereau, sei es an sonstigen landesverrätherischen Umtrieben. Die sorgfältigste Durchsuchung seiner Wohnung und aller von ihm dienstlich oder ausserdienstlich benutzten Räumlichkeiten erbrachte nicht die geringste Unterstützung des gegen ihn angeregten Verdachts; weder die Spur irgend einer Korrespondenz, noch irgend ein Fragment der dem Bordereau entsprechenden auffälligen Papiersorte wurde ermittelt. Ebensowenig vermochte man irgend welche Verkehrsbeziehungen zwischen Dreyfus und den Pariser Vertretern der fremden Mächte auch nur wahrscheinlich zu machen. Von unverhältnissmässigem Aufwand in seiner Lebensführung, ungeordneten Vermögensverhältnissen, Spielschulden u. dgl. war nicht die Rede. Eine von dem damaligen Polizeipräfekten Lépine veranlasste sorgfältige Erforschung des Dreyfus'schen Lebenswandels ergab einen lediglich günstigen Leumund.*) Alfred Dreyfus hatte vor seiner Verheirathung Liaisons mit verheiratheten und unverheiratheten Frauen gehabt, hatte gelegentlich als Gast in Pariser Klubs dinirt, in denen gespielt wurde — wo geschieht das in Paris nicht? — das war so ziemlich Alles, was sich ernsthaft gegen seine Sittlichkeit vorbringen liess. In der weiter veranlassten Handschriftenvergleichung schlossen sich zwei weitere Experten, Teyssonières und Charavay (letzterer hat später sein erstes Gutachten widerrufen) Herrn Bertillon an, während ein fünfter Experte, Pelletier, mit Gobert dabei verblieb, die Identität der Handschrift für unerweisbar zu erklären. Hiernach erscheint die Annahme allerdings in hohem Grade glaubhaft, dass der Kriegsminister Mercier anfangs angesichts der offenbaren Schwäche der Belastungsbeweise und der Einreden des damaligen Ministers der auswärtigen Angelegenheiten Hanotaux die Ausserverfolgungsetzung des Angeschuldigten Dreyfus beabsichtigt hat, dann aber unter dem Hochdruck der von den Subalternen des Generalstabes — du Paty de Clam, Henry etc. — entfesselten Hetzereien der antisemitischen Presse und ihrer Affiliirten umgestimmt worden ist.

So erfolgte am 3. Dezember 1894 förmliche Anklage und die Verweisung der Sache vor das erste Pariser Kriegsgericht. Der Ankläger, Commandant d'Ormescheville, begnügte sich in seiner Anklageschrift, das Bordereau als kapitales Ueberführungsstück voranzustellen, die der Anklage günstigen drei Experten gut, die anderen beiden, insbesondere Gobert, ungebührlich schlecht zu behandeln, die Wahrscheinlichkeit plausibel zu machen, dass Dreyfus die im Bordereau aufgeführten fünf Urkunden sich

*) Der Lépine'sche Polizeibericht ist von Henry, dem er eingehändigt worden war, einfach unterdrückt worden, und niemals zu den Akten gelangt. Dagegen fand sich ein verlumpter Pariser Polizeispitzel, Herr Guénée, der seine Bekundung vor dem Kassationshof mit der berühmt gewordenen Phrase einleitete „je fréquente la haute société, les grands bars, les grands hôtels", auf Wunsch Henry's bereit, allerlei ihm angeblich von Kutschern, Bedienten und Dirnen zugetragenen, zum Theil auf irgend einen anderen Dreyfus bezüglichen Klatsch, als höchst ungünstiges Leumundszeugniss in Form amtlicher geheimpolizeilicher Berichte den Akten gegen Alfred Dreyfus einzuverleiben.

hätte verschaffen können, das Vorleben des Angeklagten moralisch anzuschwärzen und im Uebrigen allerlei, aus dem Verhalten des Angeklagten während der Untersuchung willkürlich hergeleitete Verdächtigungen vorzubringen, wie dies nun einmal zum Metier geschickter und ungeschickter öffentlicher Ankläger gehört. Als im Winter 1897/98 die Anklageschrift zuerst in einem Pariser Blatte veröffentlicht wurde, war in der ganzen gebildeten Welt das Erstaunen über die Schwäche dieses Machwerkes ein allgemeines.

Am 19. Dezember 1894 begann vor dem ersten Pariser Kriegsgericht unter Ausschluss der Oeffentlichkeit die Hauptverhandlung, am 22. Dezember 1894 wurde Alfred Dreyfus einstimmig wegen Landesverraths zu Degradation und lebenslänglicher Deportation verurtheilt. Da die französischen Kriegsgerichte nach Art unserer Schwurgerichtsverdikte nur kategorisch über Schuld und Nichtschuld ohne jede Motivirung ihren Urtheilsspruch fällen, ist man bezüglich der Gründe des Dreyfus verurtheilenden Erkenntnisses auf Vermuthungen, und mehr oder weniger zuverlässige Schlussfolgerungen angewiesen.

Das Kriegsgericht bestand aus dem Oberst Maurel (129. Infanterie-Regiment) als Vorsitzenden, dem Oberstlieutenant Eichemann, den Majoren Florentin, Patron und Gallet, den Kapitänen Roche und Freystätter als Beisitzern; die Anklage vertrat der Major (Kommandant) Brisset, die Vertheidigung der Advokat Demange. Nach allem, was spätere Zeugen (Lépine und Picquart) über den Gang der Verhandlung, soweit dieselbe in Gegenwart der Prozessbetheiligten legal stattgefunden hat, bekundet haben, ist Dreyfus bei seinen Unschuldsbetheuerungen verblieben, eine grössere Zahl militärischer Zeugen haben über seinen dienstlichen Leumund mehr oder weniger Ungünstiges ausgesagt, die Generale Boisdeffre und Gonse haben ihrer persönlichen Ueberzeugung, Dreyfus müsse das Bordereau verfasst haben, Ausdruck gegeben, die fünf Schreibsachverständigen haben sich in dem oben erwähnten Sinne über die Handschrift des Bordereau geäussert, der Ankläger Brisset hat alle gegen den privaten Lebenswandel des Angeklagten in der Anklage benutzten frivolen Beschuldigungen fallen lassen, du Paty de Clam hat als freiwilliger Gehülfe des Kriegsgerichts mit seinen verrückten aus dem Verhalten des Dreyfus während seiner (du Paty's) Diktate oder mündlicher Vorhalte hergeholten Wahrnehmungen eine sehr vordringliche Rolle gespielt, den stärksten Eindruck aber hat der damalige Kommandant Henry hervorgerufen. Er berichtete auf Zeugeneid, dass er durch einen sehr ehrenwerthen Herrn de B. die Gewissheit erhalten, ein Offizier des französischen Generalstabs verübe Verrath und schloss, indem er mit dem Finger auf Dreyfus hinwies, pathetisch: „Le voilà, je le sais, je le jure!“ Dass, wie der jüngste der sieben Kriegsrichter, Freystätter, vor dem Kassationshofe versichert hat, gerade dieses ruchlose und meineidige — denn in Wahrheit hat de B. Dreyfus niemals genannt — Zeugniss Henry's die richterliche Ueberzeugung von der Schuld des Dreyfus erzwungen hat, kann nicht Wunder nehmen. Und was an dieser Ueberzeugung etwa noch schwankend war, wurde ausserhalb der legalen Verhandlung im Berathungszimmer befestigt. Denn darüber kann heute nach den Bekundungen des Oberstlieutenants Picquart vor dem Kassationshofe und den sonstigen Ergebnissen der Enquête*) kein Zweifel mehr obwalten, dass ausserhalb des Gerichtssaals das Kriegsgericht durch ihm vom Kriegsminister unter dem Siegel des Dienstgeheimnisses für seine Berathungen mitgetheilte Aktenstücke eines dossier secret zu Ungunsten des Angeklagten entscheidend beeinflusst worden ist. Picquart hat als Delegirter des Kriegsministers allen Verhandlungen des Kriegsgerichts beigewohnt, hat den fraglichen geheimen Dossier in Händen gehabt und hat ihn entweder selbst oder durch den in gleicher Eigenschaft mitanwesenden Henry an den Vorsitzenden des Gerichts weitergegeben.

Dieser Dossier enthielt nach Picquarts Angaben vier, nach du Paty's Darstellung sogar sieben von der Pariser Gegenspionage aufgefangene Schriftstücke, anscheinend sämmtlich zwischen dem deutschen und italienischen Militärbevollmächtigten

---

*) Positive Zugeständnisse von Casimir-Perier und du Paty, stillschweigende Einräumungen der Generale Mercier und Boisdeffre vor dem Kassationshofe.

gewechselte echte Korrespondenzen, von denen nur der eine, die Wendung „ce canaille de D." enthaltende Brief eine, dem Anfangsbuchstaben nach thatsächlich auf einen gewissen, im Solde Schwartzkoppen's arbeitenden Dubois bezügliche, bei bösem Willen allenfalls auch auf den Namen Dreyfus hindeutende Spur zeigte, die übrigen zwar auf aus dem Generalstabe zu schöpfende militärische Informationen Bezug nahmen, sonst aber keinerlei irgendwie verwerthbare Indizien gegen Dreyfus erkennen liessen. Trotzdem hatte du Paty de Clam gemeinsam mit Sandherr die einzelnen Aktenstücke mit einem Kommentar versehen, und darin ihre, angeblich Alfred Dreyfus zur Evidenz überführende Beweiskraft dargelegt.*) Das Geheimnissvolle des Ursprungs dieser Papiere, der dazu gelieferte, den wirklichen Kontext und die willkürliche Deutung der Urkunden geflissentlich verwirrende Kommentar und die dreisten Erklärungen Henry's scheinen schliesslich die einmüthige kriegsgerichtliche Ueberzeugung von der Schuld des Angeklagten erzwungen zu haben. — Nachdem das von Dreyfus gegen das Urtheil eingelegte, übrigens nur formelle Bedeutung besitzende Rechtsmittel des Rekurses am 31. Dezember 1894 von der obersten kriegsgerichtlichen Instanz verworfen, das Urtheil vom 22. Dezember 1894 also rechtskräftig geworden war, wurde dasselbe am 5. Januar 1895 mittelst Degradation und wenige Tage später mittelst Deportation des Verurtheilten nach der zu französisch Guyana gehörigen Teufelsinsel vollstreckt. Sämmtliche über den Degradationsakt unmittelbar nach demselben in der Pariser Presse veröffentlichten ausführlichen Schilderungen wussten lediglich von fortgesetzten Unschuldsbetheuerungen des Exequenden zu berichten. In gleichem Sinne sind sämmtliche von Alfred Dreyfus — zum Theil noch auf der Ueberfahrt (St. Martin de Ré vom 19. Januar 1895) — an seine Frau geschriebenen Briefe gehalten. Es mussten Jahre darüber hingehen, ehe ein Mensch darauf verfiel von „Geständnissen" des Dreyfus zu reden.

---

*) Dieser Kommentar, die eigentliche Anklageschrift gegen Dreyfus, ist später vom Generalstabe und dem Kriegsminister Mercier aus den Akten bei Seite geschafft und vernichtet worden.

2. Die Campagne gegen das kriegsgerichtliche Urtheil vom 22. Dezember 1894 (1896—1898).

Die gegen die Gerechtigkeit und Gesetzlichkeit des Urtheils vom 22. Dezember 1894 gerichtete Bewegung ist in der zweiten Hälfte des Jahres 1896 erkennbar in die Aussenwelt getreten. Im November 1896 veröffentlichte Bernard Lazare seine erste, die Unschuld des Dreyfus und das Unhaltbare der gerichtlichen Verurtheilung ausführende Schrift unter dem Titel: „Une Erreur judiciaire. La verité sur l'affaire Dreyfus." (Paris. 1896. V. Stock éditeur.) Um dieselbe Zeit begannen die Beeinflussungen der Presse durch Organe des Generalstabes zwecks Vertheidigung des Kriegsgerichts. Am 10. November 1896 veröffentlichte der Pariser „Matin" ein Facsimile des Bordereau. Schon am 15. September 1896 war der unbestritten vom Generalstabe, speziell von du Paty inspirirte Pariser „L'Eclair" in der Lage, zu behaupten, die Schuld des Dreyfus sei absolut erwiesen durch das Original einer von Schwartzkoppen an den italienischen Militärbevollmächtigten Panizzardi — oder umgekehrt — geschriebenen chiffrirten Note, in der sich der Satz vorfinde, „décidément cet animal de D r e y f u s devient trop exigeant". Der Urheber dieser frevelhaften Veröffentlichung, dem die Existenz des im geheimen Dossier befindlichen, allerdings echten, aber nicht chiffrirten, und nicht von Dreyfus, sondern von einer unbekannten „canaille de D." (Dubois) redenden Billets bekannt war, hatte geflissentlich den Wortlaut verfälscht. Da sich leicht erweisen liess, dass ein derartiges Aktenstück, wie es jetzt plötzlich auftauchte, der legalen kriegsgerichtlichen Verhandlung und den Prozessbetheiligten gänzlich unbekannt geblieben war, gewannen durch die Veröffentlichung des „Eclair" die bis dahin nur auf Grund gelegentlicher Aeusserungen einzelner Mitglieder des Kriegsgerichts verbreiteten Gerüchte verstärkten Anhalt, Dreyfus sei verurtheilt worden nicht auf den Bordereaubeweis hin, sondern Kraft derjenigen Aktenstücke, die dem Kriegsgericht bei seiner Berathung im Geheimen zugänglich gemacht worden seien. Die gegen die Lazare'sche Schrift gerichtete Interpellation des Deputirten André Castelin im November 1896 markirt den Beginn der mit der „Affaire“ belasteten parlamentarischen Kämpfe.

Diese Lazare'sche Agitation würde voraussichtlich sehr rasch im politischen Sande spurlos verlaufen sein, hätte nicht wenige Monate später George Picquart sie in festere Geleise hinübergeleitet. Picquart, der damals an Lebensjahren jüngste Lieutenant-Kolonel der französischen Armee und seit dem 1. Juli 1895 als Nachfolger des Obersten Sandherr mit dem Posten eines Chefs des Bureau des renseignements im Generalstabe betraut, will im März oder April 1896 — die Unsicherheit des Datums sollte ihm noch verhängnissvoll werden — durch seine Geheimagenten der Gegenspionage eine aus dem Kabinet des Obersten v. Schwartzkoppen herstammende, an den Kommandanten Esterhazy in Paris adressirte Telegramm-Karte (Rohrpostbrief) den sogen. petit bleu, zugestellt erhalten haben, die den Verdacht erwecken konnte, Esterhazy stehe mit Schwartzkoppen in verrätherischen Beziehungen. Picquart liess, theils auf eigene Verantwortlichkeit, theils mit Zustimmung seiner Vorgesetzten Gonse und Boisdeffre, einige Monate hindurch Esterhazy beobachten, Material zur Schriftvergleichung herbeischaffen u. dgl. m.: sobald jedoch seine Recherchen über den petit bleu hinaus sich auf die etwaige Urheberschaft Esterhazy's am Bordereau auszudehnen begannen, wurde die Enquête von den Chefs des Generalstabs Boisdeffre und Gonse kurzer Hand abgeschnitten und Picquart aus Paris nach Afrika entfernt (16. November 1896).

Durch Picquart hatte indessen der mit diesem befreundete Advokat Leblois*) und durch Leblois der Vizepräsident des Senats Scheurer-Kestner von den für die Autorschaft Esterhazy's und die Nichtschuld des Dreyfus am Bordereau entstandenen Anzeichen Kenntniss erhalten. Scheurer-Kestner versuchte zunächst privatim auf den mit ihm in intimen persönlichen Beziehungen stehenden Kriegsminister Billot im Sinne einer Wiederaufnahme des Verfahrens einzuwirken, und als diese Schritte erfolglos blieben, erfolgten sowohl im Senat, wie in der Deputirtenkammer neue

*) Im Abschnitt III wird die Affaire Picquart, seine Beziehungen zu Leblois und der Zusammenhang der Machinationen, deren Opfer Picquart geworden, zusammenfassende Darstellung finden.

Interpellationen und Diskussionen über die „Affaire“. Doch wurde durch alles dieses die Sache selbst nicht gefördert. Billot erklärte ein halbes Dutzendmal emphatisch, Dreyfus sei „justement et légalement“ verurtheilt, dabei müsse es in Ermangelung neuer Unschuldsbeweise sein Bewenden behalten, und der Ministerpräsident Méline, sich ebenso unbedingt hinter die chose jugée verschanzend, bestritt rundweg, dass es überhaupt so etwas, wie eine Affaire Dreyfus gebe („Jl n'y a pas d'affaire Dreyfus!“) Da bemächtigte sich die Familie Dreyfus, die, wie sie behauptet, durch die Handschriftähnlichkeit im Faksimile des „Matin“, wie mir wahrscheinlicher ist, durch irgend welche, von der Scheurer-Kestner'schen Seite ihr zugegangenen Nachrichten, auf Esterhazy aufmerksam gemacht worden war, des gegen den Letzteren angesammelten Materials, und mittels an den Kriegsminister gerichteten, alsbald durch die Presse publizirten Schreibens vom 15. November 1897 erhob Mathieu Dreyfus, ein in Paris wohnhafter Bruder des Alfred Dreyfus, förmliche Anklage gegen Esterhazy als eigentlichen Verfasser desjenigen Bordereau, dessen angebliche Autorschaft die Grundlage der Verurtheilung des Exkapitäns Dreyfus gebildet hatte. Damit war der erste prozessuale Schritt zur Vorbereitung einer Revision des kriegsgerichtlichen Urtheils vom 22. Dezember 1894 gethan.

Mit Walsin-Esterhazy beschreitet eine der dunkelsten Gestalten die Bühne der Dreyfusaffäre, eine Persönlichkeit, die mehr als jede andere in dieser unseligen Angelegenheit dazu beigetragen hat, die Integrität, die Loyalität, den Gerechtigkeitssinn und auch den gesunden Menschenverstand der durch Kriegsministerium und Generalstab vertretenen französischen Armeeverwaltung aufs erschreckendste blosszustellen. An dem Manne ist, von seiner Geburt (16. Dezember 1847 in Paris) abgesehen, so ziemlich Alles zweideutig, undurchsichtig, verdächtig: seine Herkunft, sein Familienursprung, seine Namensführung, seine Nationalität, seine gesammte Lebensführung. Vermöge eines höchst zweifelhaften Anspruchs, der ungarischen Magnatenfamilie anzugehören, seiner Blutsverwandtschaft mit zwei französischen Generalen Esterhazy und seiner Verschwägerung mit dem französischen Marquis Nettancourt besass er im klerikalen Adel

Frankreichs Verbindungen genug, die seine militärische Karrière sichern konnten. Als sein Name zuerst in die Oeffentlichkeit gelangt, ist er Infanteriemajor in Rouen, ostensibel wegen Krankheit beurlaubt, thatsächlich zu unbekannten Zwecken zwischen Rouen und Paris hin und her reisend. Er lebt getrennt von seiner Frau, besitzt erwachsene Töchter, haust aber in Paris im Konkubinat mit einer Dirne, Madame Marguérite Pays. Seine Schulden sind derartig angewachsen, dass, wie er sich selbst gelegentlich in einem seiner Briefe an den Kriegsminister [25. Oktober 1897] ausdrückt, seine Handschrift auf Wechseln und Schuldscheinen sich in den Komtoiren aller Pariser Wechsler und Wucherer umhertreibt. Er ist intelligent, verschlagen, auf den verschiedensten Gebieten militärischen Wissens kenntnissreich. Absolute Charakter- und Gesinnungslosigkeit ist der Grundzug seines Wesens. In von der Partei Dreyfus ermittelten und publizirten Briefen an eine Frau v. Boulancy äussert er sich in der rohesten Form der Verachtung über die Armee, der er angehört und über deren Führer. In den im Winter 1898/99 nach seiner Flucht von Paris publizirten Broschüren „Les dessous de l'Affaire Dreyfus" berühmt er sich, als Agent des französischen Generalstabes Gegenspionage getrieben und in dieser Eigenschaft lange Zeit hindurch den ihm befreundeten deutschen Militärbevollmächtigten v. Schwartzkoppen „kanalisirt" zu haben; speziell sei seine Aufgabe gewesen, Schwartzkoppen durch Mittheilung falscher oder bedeutungsloser militärischer Aktenstücke zu ködern (amorçage), um von ihm die Geheimnisse seiner, der deutschen, Spionage herauszubekommen. Dass Esterhazy dem Obersten v. Schwartzkoppen fortgesetzt Spionagedienste geleistet hat und dafür mit einem monatlichen Fixum bezahlt worden ist, hat v. Schwartzkoppen in vom Grafen Casella, einem Freunde Panizzardi's, veröffentlichten, niemals dementirten Unterhaltungen bestätigt. Nun wohl, mit diesem so bescholtenen Manne wurde auf die Anklage des Mathieu Dreyfus, und die vom Kriegsminister angeordnete Untersuchung hin folgende unglaubliche Farçe einer Kriminalprozedur aufgeführt.

Die Freunde und Beschützer Esterhazy's im Generalstabe, die Obersten Henry und du Paty, allem Anschein nach auch die

Generale Boisdeffre und Gonse, waren entschlossen, an der chose jugée des Dreyfus schlechterdings nicht rühren zu lassen, also, koste es Himmel oder Hölle, Esterhazy unter allen Umständen zu exkulpiren, dafür aber den Anstifter der Esterhazykampagne, Picquart, zu verderben. Schon drei Wochen vor der ersten Denunziation des Mathieu Dreyfus vom 15. November 1897 wird Esterhazy durch Henry und du Paty nach Paris berufen und von dem ihm drohenden Angriff unterrichtet. Kurze Zeit scheint man gehofft zu haben, man werde die ganze Sache noch ersticken können, ehe der Name Esterhazy's in die Oeffentlichkeit dringe. In ihm in die Feder diktirten Eingaben vom 23./25. Oktober 1897 und in gleichzeitigen drei Schreiben an den Präsidenten der Republik vom 29., 31. Oktober und 5. November 1897 muss er unter Drohungen mit dem deutschen Kaiser und Hinweisen auf unfehlbar eintretende auswärtige Verwickelungen diese höchsten Instanzen um Schutz und Deckung für sich angehen. Er muss für ihn fabrizirte, „Dixi" unterschriebene Artikel der Drumont'schen „Libre Parole" überbringen, in denen der Zusammenhang der von Picquart und dem Dreyfus-Syndikat ins Werk gesetzten Machinationen, der niederträchtige Plan, statt des schuldigen Juden Dreyfus den unschuldigen braven Esterhazy in den Bagno zu schicken, vor Frankreich enthüllt wird. Am 7. und 10. November 1897 beginnen dieselben Intriguanten ihre Manöver (Telegramme Speranza und Blanche) gegen den in Afrika garnisonirenden Picquart.

Man kann sich vorstellen, was nach solchen Vorbereitungen die demnächst vom Kriegsminister angeordnete förmliche Untersuchung — Untersuchung führender Offizier: General Pellieux, Ankläger (Rapporteur) Oberst Ravary — gegen Esterhay zu bedeuten hatte. Von Verhaftung des Angeschuldigten, Durchsuchung seiner Wohnung und sonstigen ernsthaften Massregeln eines wirklichen Landesverrathsprozesses war von vornherein nicht die Rede. Alles, was später an verdächtigen Schriftstücken bei Esterhazy und der Pays gefunden worden ist, hat der bürgerliche Untersuchungsrichter Bertulus saisirt, als dieser gegen Esterhazy, du Paty und die Pays wegen Fälschung der an Picquart expedirten Telegramme und wegen gegen einen Esterhazy'schen Verwandten, Christian Esterhazy, verübten Betrugs Untersuchung zu führen hatte. Dafür wurde Esterhazy von den Organen des Generalstabs (Pellieux, du Paty?) aus deren Geheimakten ein Duplikat des sogen. document libérateur, der vielerwähnten Schwartzkoppen - Panizzardi'schen Korrespondenz, „canaille de D.“ betreffend, in die Hände gespielt, theils um ihm ein Pressionsmittel gegen den Präsidenten der Republik zu verschaffen, den er im Schreiben vom 29. Oktober 1897 auch thatsächlich damit bedroht hat, theils um sich damit im Strafverfahren zu vertheidigen, theils endlich, um Picquart zu kompromittiren. Zu letzterem Zwecke musste eine verschleierte Dame in der Maske einer Picquart'schen Cousine auftreten und bei einem Rendezvous auf der Strasse das Dokument, als angeblich schon im Jahre 1896 von Picquart aus dem Generalstabe, dann von der „Cousine“ Picquart entfremdet, Herrn Esterhazy zustecken. Esterhazy behielt die Urkunde ein paar Wochen bei sich und stellte sie sodann dem Kriegsminister Billot gegen von dessen Kabinetschef General Torcy ausgefertigtes Empfangsbekenntniss förmlichst und feierlichst zurück. (!) Irgendwelche Recherchen zu veranlassen, wie der des Landesverraths Angeschuldigte zu der Urkunde gekommen, wie sie aus dem dienstlichen Gewahrsam des Generalstabs verschwinden konnte u. s. w. erschien dem Kriegsministerium entbehrlich. Auch im Uebrigen wurde Esterhazy fortgesetzt über den Gang der gegen ihn geführten Untersuchung von du Paty und Genossen im Laufenden erhalten, genau instruirt, was dieser oder jener Sachverständige oder Zeuge bekundet hatte und wie er seine Aussage einzurichten habe. Es war daher nur Schuldigkeit, wenn Esterhazy unmittelbar nach Schluss der Komödie in einem, im Konzept bei ihm saisirten Schreiben an einen General (Boisdeffre oder Pellieux) für alle die ihm in der „monströsen Kampagne“ geleisteten Dienste inbrünstig dankt. Einen etwas heiklen Punkt scheint nebenbei in dieser „Untersuchung“ die von Neuem durch andere Experten veranlasste Schriftvergleichung des Bordereau kurze Zeit gebildet zu haben.

Schon im Dreyfus-Prozess waren die damaligen Schreibsachverständigen darüber uneinig geblieben, ob die Handschrift des Bordereau eine natürliche, ungezwungene, oder der gewöhnlichen Schrift des Schreibenden entsprechende, oder, wie zwei Experten behaupteten, eine geflissentlich entstellte sei. Die drei neuen Experten des Esterhazy-Prozesses mussten ohne Weiteres anerkennen, dass die Handschrift des Bordereau im Ganzen, wie im Einzelnen, in zahlreichen charakteristischen Zügen — z. B. dem regelmässig nicht ſs, sondern sſ geschriebenen lateinischen Doppel-s — eine frappante Aehnlichkeit mit der Handschrift des Esterhazy zeige. Indessen — und hier tritt einem eine prima facie absolut unverständliche Verwirrung der Folgerungen entgegen —, die Handschrift des Bordereau, wird deduzirt, sei ersichtlich nicht blos entstellt, sondern mittels Durchpausens oder auf ähnlichem Wege künstlich einer anderen nachgeahmt, und gerade die hervorgetretenen Aehnlichkeiten mit der normalen Handschrift Esterhazy's machen es unwahrscheinlich, dass die Nachahmung von Esterhazy selbst herrühre, der sich doch nicht selbst durch Stehenlassen charakteristischer Schriftzüge verrathen haben würde. Das verstehe, wer kann! Wird das Bordereau als ein echtes Uebersendungsschreiben eines bestimmten Urhebers an einen diesem bekannten Adressaten und als echtes Beweisstück wirklich betriebenen Landesverraths vorausgesetzt, so bleibt es unbegreiflich, zu welchem Zwecke der Verfasser des Bordereau darauf verfallen sein sollte, seine Handschrift künstlich einer konkreten fremden nachzuahmen. Wir haben es doch nicht mit einem Testament oder einem Wechsel zu thun, die zu fälschen von Interesse ist! Es scheint aber, als sei den drei neuen Experten, Belhomme, Couard und Varinard, etwa die Aufgabe nur dahin gestellt worden, unter der Voraussetzung der erwiesenen Autorschaft des Dreyfus sich darüber gutachtlich zu äussern, ob Dreyfus nicht die Handschrift des Esterhazy oder letzterer die des ersteren im Bordereau nachgeahmt haben könne. Was einen hierbei die schlimmsten weiteren Kollusionen vermuthen lässt, sind bei Esterhazy später saisirte Konzepte von Zuschriften an seinen damaligen Untersuchungsrichter oder eine sonstige, diese fratzenhafte „Untersuchung“ leitende Militärperson, in denen er sich genau unterrichtet zeigt über eine erste, ihm ungünstige Expertise, daraufhin dem Adressaten der Zuschrift vorhält, wie er ihm (Esterhazy) doch zugesichert hätte, die Experten vollkommen in der Hand zu haben, und sie zu seinen (Esterhazy's) Gunsten leiten zu können, wie diese Zusicherung aber jetzt sich nicht erfülle; sollten, so schliesst die eine Zuschrift, die Expertise der dummen Sachverständigen nicht noch eine bessere Wendung nehmen, so werde er zu seiner Vertheidigung den Beweis führen müssen, dass Dreyfus das Bordereau auf seine, des Esterhazy Handschrift durchgepaust (calqué) habe. Was mit der letztbezeichneten Eventualität gemeint war, ist unaufgeklärt geblieben. Jedenfalls sind die Experten zur Raison gebracht worden. Denn in dem, Einstellung des Verfahrens beantragenden Schlussbericht durfte der Rapporteur sich auf ein einstimmiges, die Nichtidentität der Esterhazy'schen und der Bordereauhandschrift konstatirendes Gutachten der Schreibsachverständigen berufen. Der damalige Pariser Militärgouverneur General Saussier glaubte es indessen dem Verlangen Esterhazy's und der Oeffentlichkeit schuldig zu sein, die Sache dem Antrage des Rapporteurs entgegen nicht einfach einzustellen, sondern an das Kriegsgericht zu verweisen, das nach einer kurzen, zum Theil öffentlichen, zum Theil nicht öffentlichen Hauptverhandlung vom 11. Januar 1898 den Angeklagten Esterhazy freisprach. Soweit öffentlich verhandelt wurde, gestaltete sich dieses Schlussverfahren dahin, dass der Oberstlieutenant Picquart als der eigentliche, der feindseligsten und verbrecherischesten Machinationen zu Gunsten von Alfred Dreyfus Angeklagte, Esterhazy aber als ein absolut unschuldiges Opfer dieser Machinationen gerichtsseitig behandelt wurde. In der Freisprechung Esterhazy's erblickte die französische Armeeverwaltung schlechtweg eine erneute Verurtheilung des Dreyfus. Jetzt waren es ja nicht mehr sieben, sondern vierzehn französische Offiziere, die sich einstimmig für die Schuld des Dreyfus ausgesprochen hatten! Dafür wurde Esterhazy, dem man solchen Erfolg zum Verdienst anrechnete, in den Kreisen der Dreyfus-Gegner in jeder erdenklichen Weise glorifizirt.

Um auf die durch und durch korrupte Persönlichkeit dieses Mannes nicht wieder zurückzukommen, mögen der Vollständigkeit halber einige der Folgezeit angehörigen Fakten schon hier ihren

Platz finden. Im Prozess Zola (Februar 1898) als Zeuge aufgerufen, verweigerte Esterhazy, wie er später angegeben, auf ausdrücklichen Befehl des Generals Pellieux, jegliche Antwort. Sein Vertheidiger, Tézénas, leitete als Syndikus des Generalstabes das gesammte Verhalten der Generale und Generalstäbler gegen Zola. Bald darauf stürzte das Ministerium Méline, das Ministerium Brisson trat an seine Stelle und Cavaignac wurde Kriegsminister. Allmählich hatten sich auf Grund der Boulancy'schen Briefe, der Denunziationen des Christian Esterhazy, der frechen, an den Präsidenten der Republik gerichteten Drohbriefe, eines gegen Picquart verübten Strassenanfalls und seines immer ruchbarer gewordenen allgemeinen Lebenswandels (Betheiligung am Bordellbetrieb u. dergl.) denn doch zu viel skandalöse Dinge gegen Esterhazy angesammelt, um ihn mit Ehren länger in der aktiven Armee halten zu können. So bequemte sich Cavaignac, die Einleitung einer ehrengerichtlichen Untersuchung anzuordnen. Der militärische Ehrenrath fand auch wirklich eine gewisse „inconduite habituelle“ mit schwacher Stimmenmehrheit als vorliegend, beantragte seine „mise en réforme“, und obwohl der Militärgouverneur Zurlinden diese Disziplinirung in seinem Bericht an den Kriegsminister als ungebührlich hart begutachtete, verfügte der letztere dennoch Esterhazy's Zurdispositionstellung. Esterhazy konnte es sich jetzt nicht mehr verhehlen, dass der starke militärische Rückhalt, der ihn bisher gegen alle Anfechtungen geschützt, ihm unter dem Ministerium Brisson zu schwinden begann. Im September 1898 vertauschte er den Aufenthalt in Paris mit dem von London. Um sich Subsistenzmittel zu verschaffen, hat er dann von London aus seine Kenntnisse von dem Untergrund, den „dessous“ des Dreyfusprozesses literarisch thunlichst zu verwerthen gesucht. In den dieserhalb mit Korrespondenten, Redakteuren, Verlegern Pariser und Londoner Zeitungen („Observer“, „Matin“, „Daily Chronicle“) gepflogenen Verhandlungen und Unterhaltungen hat er wiederholt bekannt, das Bordereau selbst geschrieben oder doch auf Anordnung des damaligen Chefs des Bureau des renseignements, Obersten Sandherr, nach einer ihm gewordenen Vorlage durchgepaust zu haben. In seinen „Dessous“ und den von ihm unmittelbar veröffentlichten Zeitungsartikeln ist er wiederum dabei verblieben, Dreyfus sei der Schuldige, er selbst aber sei am Bordereau unschuldig. Dagegen hat er hier seine über Jahr und Tag fortgesetzten persönlichen Beziehungen der Spionage und Gegenspionage zum Obersten v. Schwartzkoppen zugestanden, auch die mit ihm während der ersten Kriminaluntersuchung durch du Paty aufgeführte Komödie im Einzelnen geschildert. Als in der zweiten Kriminaluntersuchung der Untersuchungsrichter Bertulus dem Obersten Henry das Verfängliche der bei Esterhazy aufgefundenen Papiere vorhielt und seine Vermuthung, Esterhazy sei doch wohl der Urheber des Bordereau, aussprach, hat nach Bertulus Zeugniss (Enquête des Kassationshofs) Henry unter Umarmungen und Thränen diesen angefleht, auf dem Verdacht nicht zu bestehen, und ihn zu retten. „Avant tout, l'honneur de l'armée!" Dass zwischen Henry und Esterhazy lange Zeit verborgene Beziehungen der verfänglichsten Art bestanden haben müssen und Esterhazy seine Informationen fortgesetzt direkt aus dem Bureau des renseignements bezogen hat, ist eine kaum mehr abweisbare Annahme. Zu dem General Marquis de Gallifet hat der frühere englische Militärbevollmächtigte in Paris, General Talbot, rückhaltlos davon gesprochen, zu seiner Pariser Zeit sei es unter allen dortigen Militärattachés bekannt gewesen, dass man für ein 1000-Francs-Billet von Esterhazy Alles erfahren könne.

Im Revisionsverfahren vor dem Kassationshofe hat Esterhazy auf die Frage, ob er das Bordereau geschrieben, lediglich erwidert, Dreyfus sei als der Verfasser desselben verurtheilt, er, Esterhazy, rechtskräftig freigesprochen, damit sei die Frage erledigt. Als neues Indiz ist im Uebrigen durch die letzterwähnte Enquête gegen Esterhazy ermittelt worden, dass er sich im Sommer 1894 im Besitz derselben eigenthümlichen dünnen liniirten Papiersorte befunden hat, auf der das Bordereau geschrieben ist, und nach deren Herkunft schon im Prozesse Dreyfus in ganz Paris vergeblich nachgeforscht worden war. — Der Beginn der militärischen Angriffe gegen die Kriminalkammer des Kassationshofs und der über ihm hängende Haftbefehl des Untersuchungsrichters Bertulus gaben Esterhazy schliesslich den erwünschten Anlass, sich allen weiteren Prozeduren durch abermalige Entfernung aus Frankreich von Neuem zu entziehen. — Seitdem sind gouvernementalerseits in London Versuche gemacht worden, Esterhazy's Stillschweigen zu erkaufen, vorläufig ohne Erfolg. Esterhazy hält es offenbar für vortheilhafter, seine Geheimnisse im Kleinvertrieb an den Mann zu bringen, und so werden neue Enthüllungen nicht ausbleiben. Bei einem derartig gewerbsmässigen Lügner wird die Wahrheit schwerlich Gewinn davontragen.

Unmittelbar an die kriminelle Freisprechung Esterhazy's (11. Januar 1898) schliesst sich das bekannte Manifest Emile Zola's, veröffentlicht in der von Clémenceau redigirten Pariser „Aurore" vom 13. Januar 1898 mit seinen vehementen Invektiven gegen die Militärbehörden und ihre zu Ungunsten des unschuldigen Dreyfus, zu Gunsten des schuldigen Esterhazy fortgesetzt verübten Rechtsbeugungen. Die auf Beschluss des Ministeriums Méline und Strafantrag des Kriegsministers Billot daraufhin gegen Zola erhobene Anklage wegen Verleumdung des Esterhazy-Kriegsgerichts führte am 7. Februar 1898 zu der fünfzehn lange Sitzungstage beanspruchenden Hauptverhandlung vor dem Pariser Schwurgericht. So mannigfach interessant an dramatischen Episoden im übrigen auch dieser erste Prozess Zola gewesen, so gering war doch seine Ausbeute in eigentlich sachlicher, die Schuld oder Nichtschuld des Dreyfus aufklärender Beziehung. Jedenfalls tritt strafrechtlich alles, was etwa wirklich Neues damals ermittelt worden, heute weit in den Hintergrund gegenüber den materiellen Ergebnissen der Enquête des Kassationshofs. Deshalb wird an dieser Stelle eine kurze Rückerinnerung an den wesentlichen Gang der Assisenverhandlung genügen. Da nach französischem Prozessrecht in den vor die korrektionelle Strafkammer gehörigen Anklagesachen wegen Verleumdung von Privatpersonen der Gegenbeweis der Wahrheit ausgeschlossen ist, in den vor die Assisen gehörigen öffentlichen Anklagen, betreffend die Verleumdung von Behörden, Beamten, Militärpersonen etc. aber der Beweis der Wahrheit im weitesten Umfange zugelassen wird, war Zola in der Lage, die Gerechtigkeit der Urtheile gegen Dreyfus und Esterhazy noch einmal vor den Geschworenen ausführlich zur Erörterung und

Verhandlung zu bringen. Inkriminirt in der Anklage war aus dem Manifest allerdings nur der letzte Absatz, der die Schuld des Esterhazy und dessen ungerechte „auf Ordre“ der Vorgesetzten gegen besseres Wissen erfolgte Freisprechung zum Gegenstande hatte; von der Anklage unberührt blieben diejenigen Sätze, die sich mit der Ungerechtigkeit der Verurtheilung des Dreyfus befassten. Daraufhin glaubte der Schwurgerichtsvorsitzende, Rath Delegorgue, die eine Beschuldigung von der anderen trennen, und nur diejenigen Gegenbeweise zulassen zu sollen, die sich auf die Schuld des Esterhazy bezogen. So unmittelbar aber, wie durch das Bordereau beide Schuldfragen miteinander verfitzt waren, liess sich eine solche Trennung weder thatsächlich, noch rechtlich aufrecht halten.

Thatsächlich wurde denn auch von den Prozessbetheiligten, von den Zeugen und Sachverständigen die chose jugée des Dreyfus dem Bordereau gegenüber aufs breiteste erörtert, und nur dann und wann eine gar zu ausschliesslich auf die Interna der kriegsgerichtlichen Verhandlung gegen Dreyfus zurückgreifende Frage an die militärischen Zeugen als unstatthaft abgeschnitten. Im Uebrigen lassen sich aus der langwierigen Verhandlung folgende bemerkenswerthe Momente hervorheben. Zum Ersten wurde die unglaubliche Schwäche des auf Schriftvergleichung ruhenden Bordereaubeweises und die heillose Verworrenheit der Bertillon'schen Expertise grell ins Licht gestellt. Zum Zweiten trat die Wahrscheinlichkeit stärker hervor, dass neben dem Bordereau noch andere, dem Kriegsgericht im Geheimen mitgetheilte Aktenstücke die Verurtheilung des Dreyfus bestimmt hatten. Das Auftreten der Chefs des Generalstabes, der Generale Boisdeffre, Gonse, Pellieux vor den Geschworenen und ihre an letztere gerichteten Perorationen liessen ferner keinen Zweifel, dass die französische Armeeverwaltung die Aufrechterhaltung der Verurtheilung des Dreyfus, gleichviel, ob schuldig oder nicht, als Ehrensache der französischen Armee, jede Antastung dieses Urtheils als einen, die gesammte Armeeführung schädigenden und kompromittirenden Angriff ansahen. Endlich geschah es in diesem Prozess zuerst, dass das von dem Oberst Henry fälschlich angefertigte geheime Aktenstück, das sich seit der Castelin'schen Interpellation (November 1896) in den Geheimakten des Kriegsministeriums befand, seine verhängnissvolle Rolle zu spielen begann. Es war in der Sitzung vom 18. Februar 1898, da der General Pellieux, von der Vertheidigung in die Enge getrieben, zeugeneidlich und auf Ehrenwort mit der Enthüllung hervortrat, das Kriegsministerium sei im Besitz eines aufgefangenen, Schwartzkoppen-Panizzardi'schen zweifellos echten und authentischen Billets, dahin lautend: „es ist eine Interpellation über die Affaire Dreyfus im Gange. Sprechen Sie nie von unseren früheren Beziehungen zu diesem Juden." Das ist der berühmte faux Henry, der dem Fälscher das Leben gekostet hat.

Am folgenden Tage bestätigte der Chef des Grossen Generalstabes, General Boisdeffre, auf Eid und Ehre in vollem Umfange — „comme exactitude et comme authenticité" — die Pellieux'sche Angabe mit der emphatischen Schlussapostrophe an die Geschworenen, dass, wenn die Geschworenen als Vertreter der Nation hiernach noch immer kein Vertrauen zu den Führern der Armee hätten, sie dies durch ihr Verdikt nur aussprechen sollten; sie, die Generale, seien solchenfalls bereit, sofort die auf ihnen lastende schwere Verantwortlichkeit anderen zu überlassen!*) Die Jury brachte indessen die Generale nicht in die Verlegenheit, ihr Wort wahr zu machen; sie sprach Zola der Verleumdung des Esterhazy-Kriegsgerichts schuldig, und das Gericht verurtheilte ihn zu einem Jahre Gefängniss, 3000 Francs Geldstrafe, den Mitangeklagten, für die „Aurore" verantwortlichen Geranten Pellenx zu 4 Monat Gefängniss, 3000 Francs Geldstrafe. — Auf hiergegen von den Verurtheilten eingelegtes Rechtsmittel hob der Kassationshof am 2. April 1898 das Urtheil aus dem Grunde auf, weil der erforderliche Strafantrag vom beleidigten Kriegsgericht hätte gestellt werden müssen, der Kriegsminister aber, der allein die Bestrafung beantragt, hierfür unzuständig gewesen sei. Alsbald wurde der vermisste Strafantrag des Kriegsgerichts nachgeholt, eine neue nunmehr ausschliesslich auf die Zola'sche Beschuldigung, das Kriegsgericht habe in der Sache Esterhazy wider bessere

---

*) Nach Esterhazy's Behauptung hat dessen Vertheidiger Tézénas Herrn Boisdeffre Tags vorher diese schöne Rede einstudirt.

Ueberzeugung auf höheren Befehl geurtheilt, beschränkte, die materielle Schuld oder Nichtschuld des Esterhazy also bei Seite lassende Anklage erhoben, und die Sache zur erneuten Verhandlung vor die Assisen, nunmehr nach Versailles, verwiesen. Hier (23. Mai 1898) wurde von dem Angeklagten die Einrede der Unzuständigkeit des Versailler Gerichts, und, nachdem diese vom Kassationshofe verworfen worden war, in der erneuten Verhandlung (18. Juli 1898) die Unzulässigkeit der nur einen herausgerissenen Satz des Zolamanifestes inkriminirenden Anklage erhoben. Als die Angeklagten auch mit diesem Vorbringen kein Gehör fanden, verliessen sie mit ihren Vertheidigern den Gerichtssaal. Das daraufhin ohne Beweisaufnahme ergangene Kontumazialurtheil vom 18. Juli 1898, das die früher erkannten Strafen im Wesentlichen wiederholte, ist insofern nur von formaler Bedeutung, als das Verfahren, sobald die Angeklagten dies verlangen, kontradiktorisch wieder aufgenommen werden muss. Zola hat durch Entfernung nach England solchergestalt den ganzen Prozess in der Schwebe zu halten verstanden, ist erst nach Verkündung des Revisionsurtheils vom 3. Juni 1899 wieder nach Paris zurückgekehrt, hat sich nunmehr das Kontumazialurtheil vom 18. Juli 1898 behändigen lassen, sofort fristgemäss seinen Einspruch hiergegen angemeldet, und wird, falls das Esterhazy-Kriegsgericht nicht etwa seinen Strafantrag zurückzieht, in einem neuen Schwurgerichtsverfahren zum dritten Male als Angeklagter auftreten.

Bezeichnet der erste auf des Mathieu Dreyfus Anklage gegen Esterhazy eingeleitete Strafprozess den ersten und der Prozess Zola den zweiten Abschnitt der auf Revision des kriegsgerichtlichen Urtheils vom 22. Dezember 1894 abzielenden Bewegung, so markirt der vielgenannte faux Henry die dritte, diesmal erfolgreiche Etappe der Revisionskämpfe.

Am 7. Juli 1898 hatte der Kriegsminister Cavaignac in der Deputirtenkammer wieder einmal eine die Dreyfus-Affaire betreffende Castelin'sche Interpellation zu beantworten. In seiner Antwort vertrat Cavaignac mit Energie die Zweifellosigkeit der Schuld des Dreyfus, liess den Bordereaubeweis ganz bei Seite, gründete seine Ueberzeugung vielmehr, von angeblichen Geständnissen des Dreyfus abgesehen, ausschliesslich auf die aufgefangenen Korrespondenzen des deutschen und italienischen Militärbevollmächtigten. Von zwei dieser Schriftstücke gab er zu, dass darin der Verräther nur mit dem Anfangsbuchstaben D. bezeichnet sei, und denselben vielleicht die Konkludenz abgesprochen werden könne. Dagegen würden die letzten möglichen Schuldzweifel beseitigt durch den Text des dritten, während der ersten Castelin'schen Interpellation (November 1896) aufgefangenen, Dreyfus ausdrücklich benennenden Panizzardi-Schwartzkoppen'schen Billets, von dem schon im Prozesse Zola die Generale Pellieux und Boisdeffre Gebrauch gemacht hatten und dessen Wortlaut der Minister dahin verlas:

„J'ai lu, qu'un député va interpeller sur Dreyfus. Si — hier eine für den Minister unlesbare Phrase — . . ., je dirai, que jamais j'avais des relations avec ce juif. C'est entendu. Si on vouz demande, dites comme ça, car il faut pas, que on sache jamais personne ce qui est arrivé avec lui.“

Der Minister versicherte, dass er die „materielle und moralische Authentizität“ dieses in dem schülerhaftesten französischen Kauderwelsch geschriebenen Billets, sorgfältig erwogen (pesé), geprüft und festgestellt habe. Ungeheure Bewegung und endloser Beifall der Deputirten begleiteten diese Dreyfus zerschmetternde Enthüllung. Auf Beschluss der Deputirtenkammer wurde Cavaignac's Rede mit dem vorerwähnten Beweisdokument in allen 36000 Gemeinden Frankreichs öffentlich an der Mairietafel angeschlagen. Und als Picquart sofort, nachdem er die Rede des Ministers gelesen, in einer durch die Zeitungen veröffentlichten Eingabe erklärte, er sei bereit, den Beweis der Fälschung dieses Beweisdokuments zu führen, erfolgte seine Verhaftung (13. Juli 1898). Auf welche Veranlassung hin trotzdem das fragliche Dokument dann im Generalstabe noch einer ferneren, genaueren Untersuchung unterzogen wurde — vielleicht auch, um gegen Picquart Material zu sammeln, nach des Kapitän Cuignet Angaben, um in den geheimen Dossiers die zweifelhaften Urkunden von den zweifellos echten zu sondern — ist im Dunkeln geblieben. Jedenfalls machte der mit der Untersuchung des Dokuments betraute Generalstabsoffizier Cuignet die verhängnissvolle Entdeckung, dass das ursprünglich zerrissen gewesene und zusammengeklebte Schriftstück nicht zusammengehörige Fragmente verschiedener Papiersorten enthielte, dass insbesondere zu seiner Herstellung Fragmente eines älteren, anscheinend echten, im Juni 1894 aufgefangenen Panizzardi'schen oder Schwartzkoppen'schen Briefes benutzt worden seien.*) Da beide Urkunden vom Oberst Henry, als angeblich durch seine Geheimagenten aufgegriffen und von ihm persönlich rekonstruirt, dem Generalstabe übergeben waren, wurde Henry am 30. August 1898 ins Kriegsministerium sistirt und von Cavaignac verantwortlich zu Protokoll vernommen. Nach etwa einem Dutzend auf Eid und Ehre abgegebenen Betheuerungen, an der Fälschung gänzlich unschuldig zu sein, auf dann aus ihm herausgequälte Zugeständnisse, einzelne Stücke und Worte aus dem 1894er Briefe zur Rekonstruktion des im Uebrigen echten, Dreyfus ausdrücklich benennenden Briefes von 1896 benutzt zu haben, bequemte sich Henry endlich zu dem runden Bekenntniss, das ganze Aktenstück, unter theilweiser Benutzung von Fragmenten des echten Briefes vom Jahre 1894 und eines echten Couverts, auf eigene Faust fabrizirt zu haben, — um seine Vorgesetzten über die Schuld des Dreyfus zu beruhigen. Aber das Bordereau, dabei blieb er, sei echt. In das Militärgefängniss abgeführt, hat sich Henry noch denselben Abend des 30. August 1898 mit seinem Rasirmesser entleibt.

Ein General als Kriegsminister, Mercier, Boisdeffre oder ihresgleichen, würde sich vielleicht bemüht haben, den Vorgang vor der Oeffentlichkeit zu verschleiern oder doch thunlichst lange geheim zu halten. Der bürgerliche Cavaignac trug kein Bedenken, das Geschehene sofort amtlich durch die Agence Havas und die offiziöse Presse aller Welt bekannt zu machen. Das Ereigniss fiel wie eine Bombe in die „Affaire" hinein. Die Dreyfuspartei triumphirte, die Anhänger der Armee und der Unfehlbarkeit ihrer Urtheile verhüllten beschämt ihr Haupt. Henry, der Hauptinstigator gegen Dreyfus, der Todfeind Picquarts: ein der ruchlosesten Fälschung überführter Selbstmörder! Wie musste es um

*) Nachträglich ist übrigens festgestellt worden, dass auch der Anfangsbuchstabe D auf dem zweiten von Cavaignac verlesenen Schriftstück durch Verfälschung des letzteren hergestellt worden ist.

die Schwäche aller Beweise gegen Dreyfus, um die Glaubwürdigkeit aller kriegsministeriellen Dossiers, um die Integrität der Generalstabsoffiziere aussehen, wenn einer der einflussreichsten der Letzteren es wagen konnte, eine solche Urkunde, das kapitalste Ueberführungsstück gegen Dreyfus, fälschlich anzufertigen, damit zwei Jahre hindurch die militärischen Vorgesetzten zu täuschen, schliesslich ganz Frankreich durch den öffentlichen Gemeindeaushang der Fälschung zu düpiren! Kurze Zeit schien es, als stände die fernere Unhaltbarkeit des kriegsgerichtlichen Urtheils vom 22. Dezember 1894 nunmehr derartig fest, dass die Wiederaufnahme des Verfahrens sich widerstandslos vollziehen müsse. Indessen nur allzu früh zeigte sich das Irrige solcher Erwartung. Cavaignac erklärte sich nach wie vor von der Schuld des Dreyfus überzeugt, und nahm seine Demission, sobald der Ministerpräsident Brisson sich für die Revision ausgesprochen hatte. Sein Nachfolger, der Pariser Militärgouverneur General Zurlinden, schwankte ein paar Tage, zog es dann aber vor, das Beispiel Cavaignacs getreulich nachzuahmen. Der dritte Kriegsminister des Ministeriums Brisson, General Chanoine, verzichtete zwar äusserlich darauf, sich dem Beginn des Revisionsverfahrens zu widersetzen, fiel aber alsbald in der Deputirtenkammer seinem Chef Brisson in den Rücken, indem er seine Demission und seine volle Uebereinstimmung mit seinen Vorgängern Cavaignac und Zurlinden bezüglich der Ungehörigkeit des Revisionsverfahrens theatralisch von der Tribüne herab verkündete. Damit war die Fünfzahl der französischen Kriegsminister — Mercier, Billot, Cavaignac, Zurlinden und Chanoine — erreicht, deren Bilder und Schuldaussprüche von den Dreyfusgegnern durch das Land verbreitet wurden. Es dauerte nicht lange, und auf der ganzen Linie der französischen Armeeverwaltung wurde in alter Weise die unbedingte Aufrechterhaltung des Dreyfus-Urtheils als allein patriotisch, als die Ehre, den militärischen Geist, die Sicherheit des Landes allein noch schützende Garantie verfochten. Es folgten Sammlungen, um dem edlen Märtyrer Henry ein Denkmal in seiner Vaterstadt zu setzen, seiner Wittwe die erforderlichen Geldmittel zur Vertheidigung der „Ehre“ des Verstorbenen gegen seine Diffamatoren zu verschaffen.

Unverkennbar stellten sich einige formell-juristische Skrupel dem Revisionsverfahren entgegen. Der faux Henry war zwei Jahre jünger, als das Urtheil vom 22. Dezember 1894, und hatte auf die Verurtheilung des Dreyfus unmittelbar keinerlei Einfluss ausüben können. Aus der Fälschung zu folgern, dass Henry im Prozesse gegen Dreyfus einen Meineid geleistet, war gewagt; jedenfalls war er, — wie das Gesetz als Revisionsgrund voraussetzt — wegen Meineides nicht verurtheilt worden. So blieb von den übrigen gesetzlichen Gründen für Wiederaufnahme des Verfahrens [Artikel 443 bis 446 des Code d'instruction criminelle in der Fassung des französischen Gesetzes vom 8. Juni 1895] wesentlich nur das eine Fundament vorläufig noch als Stütze der Revision übrig, dass in der Untersuchung gegen Esterhazy neue Thatumstände ermittelt worden seien, welche Esterhazy als Urheber des Bordereau verdächtigten, also die Unschuld des Dreyfus zu erweisen geeignet seien. Daneben konnte auf den Thatumstand Werth gelegt werden, dass der Ursprung des Bordereau, als echtes und wirklich im Besitz des Vertreters einer fremden Macht befindlich gewesenes, von dort herstammendes Aktenstück im Prozess Dreyfus einzig und allein auf Henry's Angaben ruhte, und die von ihm eingestandene spätere Fälschung des mit dem Bordereau äusserlich sehr konnexen Schriftstücks aus dem November 1896 alle aus der Hand Henry's herrührenden Papiere, sowie sein ganzes Zeugniss verdächtig machte.

Die vom Justizminister zunächst angerufene, zur Vorprüfung aller Revisionsanträge der vorliegenden Art gesetzlich bestellte Kommission von 6 Mitgliedern (3 Räthe des Kassationshofs, 3 höhere Ministerialbeamte) blieb in den juristischen Skrupeln stecken und gab ihr konsultatives Votum mit Stimmengleichheit gegen die Zulässigkeit der von der Ehefrau Dreyfus beantragten Revision ab. Der Ministerpräsident Adolf Brisson setzte es trotzdem durch, dass unter dem 27. September 1898 der Justizminister Sarrien den Generalprokurator am Kassationshofe, Manau, förmlich beauftragte, die Revision des kriegsgerichtlichen Urtheils vom 22. Dezember 1894 beim Kassationshofe, gestützt auf Art. 443 § 4 des Code d'instruction — Ermittelung neuer Thatsachen — in Antrag zu bringen. Sobald der Generalprokurator kraft der ihm ertheilten Legitimation des Siegelbewahrers seinen Revisionsantrag der Kriminalkammer des Kassationshofes intimirt hatte, war die letztere mit der Sache befasst, und der Antrag durch keinen Ministerwechsel, mindestens durch keine ministerielle Ordonnanz mehr rückgängig zu machen. Dass, wäre die Deputirtenkammer im September 1898 nicht vertagt gewesen, das Ministerium Brisson schon damals von den über die Revision wüthend schäumenden antisemitischen, nationalistisch-boulangistischen, klerikal-konservativen Freunden der Armee über den Haufen gerannt, und die Revision verhindert worden wäre, erscheint gewiss. So musste man sich mit dem Ministersturz bis zur zweiten Hälfte des November 1898 gedulden, wo an der einmal im Gange befindlichen Revision als solcher legaler Weise nicht mehr viel zu ändern war.

3. Die Revision des Prozesses Dreyfus vor dem Kassationshofe (1898, 1899).

Der französische Kassationshof, das höchste Gericht des Landes, besteht aus drei Kammern, der chambre des requêtes (mit der Vorprüfung und Vorentscheidung aller an den Kassationshof gelangenden Rechtsmittel befasst), der chambre civile und der chambre criminelle, jede mit einem Präsidenten, 15 Mitgliedern besetzt. Erster Präsident ist Herr Mazeau, 1825 geboren, also 74 Jahr alt, im Jahre 1887 unter dem opportunistischen Ministerium Rouvier kurze Zeit Justizminister, langjähriger Senator, seit 1890 als Nachfolger Barbier's in seiner jetzigen Stellung, äusserlich ein etwas greisenhafter Herr mit einem glatt rasirten, weichlich runden Prälatengesicht, in seinem Purpur stark an einen römischen Kardinal erinnernd, mehr klug, als charaktervoll in die Welt schauend. Präsident der Zivilkammer war bis zum Januar 1899 Herr Quesnay de Beaurepaire, Präsident der Kriminalkammer Herr Löw, Elsässer Herkunft, und, nach antisemischer Behauptung, semitischen Blutes. Unter des letzteren Präsidium gelangte am 27., 28., 29. Oktober 1898 vor vollbesetzter Kriminalkammer die Revision des Alfred Dreyfus zur öffentlichen kontradiktorischen Verhandlung. Das öffentliche Ministerium vertrat der Generalprokurator am Kassationshofe, Manau, die Gerechtsame des Revisionsklägers der Advokat Mornard. Den ersten und einen Theil des zweiten Sitzungstages füllte die Verlesung des vom Berichterstatter, Rath Bard, verlesenen Referats, den Rest der Sitzung die Plaidoyers Manau's und Mornard's aus. Der Schlussantrag des Generalprokurators lautete auf Zulässigkeit der Revision, sofortige Aufhebung des kriegsgerichtlichen Urtheils vom 22. Dezember 1894 und Verweisung der Sache vor ein neues Kriegsgericht, eventuell Vervollständigung der Untersuchung, in jedem Falle Aussetzung der Strafvollstreckung gegen Dreyfus. Mornard's Konklusionen beantragten eine neue Enquête vor dem Kassationshofe. Der am 29. Oktober 1898 verkündete Gerichtsbeschluss erklärte die Revision formell und materiell für begründet nach Maassgabe der Art. 443 § 4 (neue Thatsachen), 444 des Code d'instruction criminelle, erachtete im Uebrigen aber die Sache selbst noch nicht für spruchreif, verfügte vielmehr eine „instruction supplémentaire“ vor der Kriminalkammer des Kassationshofs, und lehnte den Antrag auf Aussetzung der Strafvollstreckung „zur Zeit“ ab.

Von zerschmetternder Wirkung auf die Dreyfusfeinde war der Inhalt des Bard'schen Berichts. An der Hand der ihm vorliegenden Akten gab der Berichterstatter eine in der Form maassvolle, in der Sache geradezu vernichtende Kritik des militärgerichtlichen Verfahrens gegen Dreyfus nnd gegen Esterhazy. Er zeigte, mit welcher Voreingenommenheit und unter welch' seltsamen Praktiken der die Untersuchung führende Offizier (du Paty) von Anbeginn an den verhafteten Dreyfus trakassirt hatte, welch' willkürliche Unterstellungen und haltlose Verdächtigungen man strafrechtlich für erlaubt gehalten; er zeigte die Schwäche der Anklageschrift, die gänzliche Abwesenheit eines auch nur halbwegs plausiblen Motivs für die dem Dreyfus zur Last gelegte That, und ihre ausschliessliche Stütze in dem Bordereau, dessen Herkunft, Entstehung, Auffindung gänzlich im Dunkeln geblieben sei; er zergliederte all' die haarsträubenden Widersprüche und Sinnlosigkeiten in den Gutachten der Schreibsachverständigen des Dreyfus- und des Esterhazy-Prozesses. Zum ersten Male endlich wurde im Bericht aktenmässig klargestellt, welche klägliche Bewandtniss es mit den „Geständnissen“ des Dreyfus habe, auf die nach der Entdeckung der Henry'schen Fälschung Cavaignac und die übrigen für die Schuld des Dreyfus fortkämpfenden Parteien täglich stärkeres Gewicht zu legen begonnen hatten. Der Punkt ist wichtig, nach den verschiedensten Richtungen hin bedeutungsvoll genug, und mag deshalb hier gewürdigt werden. Einige Tage vor der Degradation des Dreyfus (5. Januar 1895) hatte der Kriegsminister Mercier den Oberstlieutenant du Paty de Clam zum Verurtheilten ins Gefängniss geschickt, um ihn allendlich unter Zusicherung milderer Deportationsbehandlung zu Geständnissen zu bewegen; man wünschte trotz des Inhaltes des Bordereau zu erfahren, welche Urkunden eigentlich Dreyfus an das Ausland verrathen hätte. Der kriegsministerielle Abgesandte insinuirte Dreyfus, ob er nicht vielleicht lediglich als Köder (amorçage) unwichtige Schriftstücke zwecks Erlangung wichtigerer Geheimnisse an Schwartzkoppen - Panizzardi mitgetheilt habe. Dreyfus verblieb bei der Betheuerung völliger Unschuld, versicherte, niemals die geringsten Beziehungen zur fremden Diplomatie gehabt, niemals auch nur fahrlässig seine dienstlichen Pflichten verletzt zu haben. Diese urkundlich feststehende, allerseits unbestritten gebliebene Thatsache muss man festhalten, damit die frivole Nichtigkeit der späteren militärischen Behauptungen in das rechte Licht tritt.

Da befand sich unter den vielen mit der Bewachung des Gefangenen und der Ausführung der Degradation beauftragten Offizieren auch ein Hauptmann Lebrun-Renault, mit Dreyfus weder bekannt, noch befreundet, noch sonst in Beziehungen. Dieser Offizier erzählte nach dem Degradationsakt gesprächsweise, als über das Verhalten des Degradirten vor und während der Exekution (Zerbrechung des Degens, Herunterreissen der Offiziersabzeichen vom Leibe etc.) geschwatzt wurde, Dreyfus habe unmittelbar vor dem Exekutionsakt, indem er auf die Galons seines Offiziersdolmans hinwies, „die sein Unglück gewesen“, zu ihm eine Aeusserung etwa des Inhalts fallen lassen, „wenn ich Urkunden verrathen habe, oder verrathen hätte („si j'avais“), waren sie werthlos, und ist (?) es geschehen um werthvollere zurückzuerwerben.“ Auf dieses Gerede Lebrun-Renault's, obwohl es alsbald zur Kenntniss des Generalstabs und des Kriegsministeriums kam, wurde zunächst allerseits amtlich so wenig Werth gelegt, dass es Niemandem einfiel, sei es mit Dreyfus, sei es mit Lebrun-Renault ein Protokoll aufzunehmen, Wortlaut und Sinn der Aeusserung festzustellen, oder sonst die so lange ersehnten „Geständnisse“ weiter zu erörtern. Der Kriegsminister bemüssigte sich nicht, seinen Kollegen im Ministerium, wie diese (Poincaré und Barthou) später in der Deputirtenkammer erklärten, davon auch nur die geringste Mittheilung zu machen. Lebrun-Renault wurde zwar zum Präsidenten der Republik (Casimir-Perier) gesandt, aber unter der Verwarnung, nicht der Presse ungehörige Mittheilungen zu machen, wieder entlassen, ohne auch nur ein Wort von „Geständnissen“ zu reden.

Bei solcher gleichgiltigen Behandlung des Vorgangs war es unvermeidlich, dass der von Mund zu Mund weiter fortgetragene Wortlaut der angeblichen Dreyfus'schen Aeusserungen sich fortgesetzt veränderte. Nach einer Notiz, die sich Lebrun-Renault in sein Taschenbuch gemacht haben will*), hätte Dreyfus mehr im Monolog, denn als Antwort auf Fragen die Worte fallen lassen, in spätestens drei Jahren werde seine Unschuld an den Tag kommen, der Minister wisse sehr wohl, dass, wenn er unwichtige Urkunden ausgeliefert habe, dies geschehen sei etc. (wie oben). Nach einem Briefe des General Gonse an den General Boisdeffre vom 6. Januar 1895 hätte Lebrun-Renault in seiner, Gonse's, Gegenwart mündlich dem Kriegsminister Mercier den Wortlaut der Aeusserung des Dreyfus dahin berichtet, dass Dreyfus im Selbstgespräch unter wiederholter Betheuerung seiner Unschuld (!) davon geredet, es seien ja überhaupt nur Kopien von Schriftstücken ausgeliefert worden, der Minister, der noch vor wenigen Tagen du Paty zu ihm ins Gefängniss geschickt, kenne seine Unschuld und wisse, dass wenn er Urkunden ausgeliefert, dies geschehen sei etc. (wie oben). All-

*) Merkwürdigerweise will Lebrun-Renault seinen Notizzettel, nachdem der Kriegsminister Cavaignac ihn im Jahre 1898 (!) für sich abgeschrieben, sofort vernichtet haben. Auch das sieht nach bestellter Arbeit aus.

mählich verschwinden dann in den späteren Mittheilungen von Lebrun-Renault's Wissenschaft alle Unschuldsbetheuerungen des Dreyfus, die Form des Monologs, jegliche Bezugnahme auf den Minister und auf dessen durch du Paty ihm gemachten Eröffnungen, kurz, alle Momente, die dem, was Dreyfus wirklich gesagt, Sinn und Zusammenhang erhalten.

Als man endlich drei Jahre später, während der Erregungen des Prozesses Zola, militärischerseits darauf verfiel, die Bekundungen Lebrun-Renault's zum Erweise der Dreyfusschuld aus der Vergessenheit herauszuzerren, und man nunmehr zuerst an ihre aktenmässige Feststellung ging, konstatirt in einem diensteidlichen Bericht vom 14. Februar 1898 Oberstlieutenant Guérin, Generalstabsoffizier des Pariser Militärgouverneurs und bei dem Degradationsakte vom 5. Januar 1895 dienstlich mitthätig, bereits als „exactitude rigoureuse" der unmittelbar nach der Exekution ihm (Guérin) von Lebrun-Renault berichteten Dreyfusschen Aeusserung rund und nackt diesen Wortlaut dahin: „Wenn ich die Dokumente ausgeliefert h a b e, so geschah es, weil sie werthlos waren, und ich mir wichtigere verschaffen wollte." Das klingt schon, als hätte Dreyfus nach eindringlichem Befragen seines Inquirenten sich endlich zu dem Bekenntniss bequemt. Später haben sich dann noch eine ganze Reihe von Militärpersonen der verschiedensten Grade gefunden, die theils aus dritter, vierter Hand die von Lebrun-Renault gehörten, theils auch angeblich ihnen unmittelbar und persönlich von Dreyfus gemachte ähnliche Aeusserungen zu bekunden bereit waren. Dreyfus selbst, auf Veranlassung des Kassationshofs auf seiner Teufelsinsel über den Vorgang vernommen, hat jede unmittelbare oder mittelbare Abgabe von Schuldbekenntnissen kategorisch abgeleugnet, und lediglich mögliche Aeusserungen über die ihm vom Minister durch du Paty gewordenen Anmuthungen zugegeben. Wie es sich im Uebrigen nun auch um die Glaubwürdigkeit des Lebrun-Renault verhalten mag: Dass hier von „Geständnissen" nicht gesprochen werden darf, kann keinem Juristen, keinem logisch und gewissenhaft denkenden Menschen einen Augenblick zweifelhaft sein. Das Aeusserste, was auf Grund des ganzen oben geschilderten Geredes Lebrun-Renault'schen Ursprungs zu

Ungunsten des Dreyfus behauptet werden könnte, geht über die Bedeutung irgend welcher dunkelen, allenfalls verdächtigen Aeusserungen nicht hinaus. Da ist kein Wort von einem Bekenntnis, das Bordereau verfasst oder die im Bordereau aufgeführten, sicherlich wichtigen militärischen Urkunden verrathen zu haben. Ueberall ist nur bedingungsweise von irgend welchen anderen werthlosen Schriftstücken und von irgend welcher Amorçage, aber nicht in verrätherischer, sondern in bester Absicht die Rede. Bedeutete die Redensart in der Fassung „wenn" ich das und das gethan „habe" oder gethan „hätte", daher überhaupt etwas, so handelte es sich um Dinge, vollkommen ausserhalb der That gelegen, wegen deren Dreyfus verurtheilt worden war, und man hätte dieserhalb eine neue Untersuchung gegen ihn einleiten müssen. Erwägt man aber, in welcher verleitlichen, aber erfolglos gebliebenen Weise der kriegsministerielle Delegirte du Paty im Auftrage des Ministers mit Dreyfus wenige Tage vor der Degradation um die Erlangung irgend welcher konkreten Geständnisse gerungen hatte, so erscheint es absolut undenkbar, dass Dreyfus am 5. Januar 1895 dem ihm völlig unbekannten Gensdarmerieoffizier Lebrun-Renault oder gar irgend einem gemeinen, ihn eskortirenden Soldaten (Brigadier Depert), plötzlich Schuldbekenntnisse anvertraut haben sollte. Wollte er Geständnisse machen, so wusste er, welchen Werth man im Kriegsministerium darauf legte, wieviel von seinem Schicksal davon abhing; er hätte sich zweifellos vor oder nach der Degradation dem Kriegsminister Mercier vorführen, oder sich du Paty de Clam rufen lassen, diesen gegenüber sachliche Erklärungen abgegeben, nicht aber sich so subalterne Leute, wie Lebrun-Renault und Genossen, zu Vertrauenspersonen aufgesucht. Und umgekehrt ist es ebenso gewiss, dass, wenn Mercier, Gonse, de Boisdeffre in dem aufgebauschten Geschwätz des Kapitän Lebrun-Renault den geringsten Schatten wirklicher Geständnisse des Dreyfus gefunden hätten, sie die Ausführung der Deportation sistirt und mit Dreyfus weiter verhandelt hätten. Nur, weil sie den Zusammenhang der Dreyfus'schen Aeusserungen vollkommen übersahen und ihre Bedeutungslosigkeit darnach ermaassen, nahmen sie davon keine weitere Notiz. Hat Dreyfus überhaupt in der Erregung etwas Aehnliches, wie behauptet worden, geäussert, so war der Zusammenhang offensichtlich der, dass Dreyfus, gestützt auf die ihm von du Paty gewordenen Zumuthungen, diese mit gutem Grund als für seine Unschuld am Bordereau sprechende Anzeichen zu verwerthen gedachte; dass er etwa sagen wollte, der Minister selbst imputirt mir ja nur Amorçage getrieben zu haben, setzt also meine Nichtschuld am Bordereau stillschweigend voraus, und lässt dennoch die Strafe des Landesverraths an mir vollstrecken. Wie aber ein Mann von Cavaignac's geistiger Bedeutung, der als Kriegsminister den Zusammenhang der ganzen Angelegenheit genau kennen musste, daraufhin in der Deputirtenkammer entrüstet die Frage aufwerfen konnte, welcher vernünftige Mensch in den von ihm lediglich nach Maassgabe des Guérin'schen Berichts wiederholten Worten „si j'avais etc." nicht ein Eingeständniss der Schuld erblicken werde, wie intelligente Offiziere (Roget, Gonse, Cuignet) darauf hin von, wenn auch mit lügenhaften Unschuldsbetheuerungen verbrämten, evidenten Schuldbekenntnissen des Dreyfus in gutem Glauben hartnäckig weiter reden konnten, bleibt doch ein psychologisches Räthsel.

Hätte die Kriminalkammer des Kassationshofs in ihrer alsbald nach dem Beschlusse vom 29. Oktober 1898 begonnenen Enquête ein wenig mehr von der Selbstbescheidung geübt, die den Strafrichter mahnt, sich mit einem gewissen Grade von Wahrscheinlichkeit und einer gewissen negativen Evidenz da zu begnügen, wo die absolute Wahrheit positiver Evidenz unerreichbar erscheint: dem Gerichtshofe selbst und der französischen Nation wären einige fernere hässliche Erfahrungen in der „Affaire" erspart geblieben. Denn erachtete die Kammer, was juristisch immerhin anfechtbar blieb, das Wiederaufnahmeverfahren einmal für geboten, so liessen sich die durch den faux Henry und die Vergleichung des Bordereau mit Esterhazy's Handschrift an die Hand gegebenen „neuen Thatsachen" schnell genug soweit klarstellen, dass das auf dem Bordereaubeweise ruhende Urtheil vom 22. Dezember 1894 zur Aufhebung gelangen musste. Das war des Generalprokurators und anscheinend auch des Berichterstatters Ansicht. Indessen die Kriminalkammer glaubte es der Armee und den unentwegt von der Dreyfusschuld überzeugten fünf Kriegsministern schuldig zu sein, zunächst einmal die letzteren anzuhören, und sich sodann tief in eine umfassende Nachprüfung des gesammten, seit vollen vier Jahren um Dreyfus aufgehäuften, von Lügen und Fälschungen überschütteten Anklagestoffs einzulassen. Nicht die blosse Nichtschuld des Dreyfus nach Lage der Beweise, sondern der wirkliche Sachverhalt, die Wahrheit selbst sollte festgestellt werden. So zog sich die Enquête von Ende Oktober 1898 bis Mitte Februar 1899 ziellos in die Länge, einige 90 Vernehmungsprotokolle über vor der vereinigten Kammer selbst abgehörte Auskunftspersonen, über zwei Dutzend Protokolle kommissarisch vernommener Zeugen, ganze Bände den Protokollen angehängter Urkunden wurden angesammelt. Ein derartiges Hinschleppen der Sache musste den Gegnern der Revison Anreiz und Entschlusskraft geben, noch einmal zu einem Schlage gegen das Revisionsverfahren und gegen die ihnen schon seit der Kassation des ersten Zola-Urtheils verhasste Kriminalkammer auszuholen. Aus dem Bard'schen Bericht, dem Manau'schen Plaidoyer, dem, wie man wusste, gegen eine Minorität von nur drei Stimmen gefassten Revisionsbeschlusse vom 29. Oktober 1898 kannte man ungefähr die dem kriegsgerichtlichen Urtheil ungünstige Stimmung der Kammer. Ueberdies hatte die letztere aus recht bedenklicher Konnivenz gegen „die Armee“ es für angezeigt gehalten, Abschrift jedes Vernehmungsprotokolls sofort nach dessen Abschluss dem Delegirten des Kriegsministeriums, General Chamoin, mitzutheilen. So war man in den militärischen Kreisen genau über den Gang und voraussichtlichen Ausgang der Sache unterrichtet. Da die Kriminalkammer nicht von vornherein Partei gegen Dreyfus ergriffen hatte, war sie offensichtlich parteiisch für Dreyfus, ein Drittes gab es in der Affaire längst nicht mehr. Schon um die Wende des Jahres 1898/99 war die Wuth der dem Dreyfus unbedingt feindlichen Faktionen gegen den höchsten Gerichtshof so weit gewachsen, dass einer der antisemitischen Deputirten, Lasies, Rittmeister a. D., von der Tribüne der Deputirtenkammer herab den Präsidenten Löw, den Generalprokurator Manau und den Rath Bard als drei ausgefeimte „Schufte“ (coquins) insultiren durfte. Der Präsident, Herr Deschanel, ersuchte zwar den Redner, den Ausdruck als doch wohl zu stark zurückzunehmen; da jedoch der Redner erklärte, dies sei nun einmal seine Ueberzeugung, behielt es dabei sein Bewenden.

Einem Mitgliede des Kassationshofes, dem Präsidenten der Zivilkammer Quesnay de Beaurepaire, war es vorbehalten, zum entscheidenden Schlag gegen die Justiz seines Landes auszuholen. Der Mann verdankte seine Karriere ausschliesslich den früher einmal dem republikanischen Regime geleisteten ziemlich zweideutigen politischen Diensten als öffentlicher Ankläger gegen den General Boulanger. Das stille Wirken in der Zivilkammer genügte seinem Ehrgeiz längst nicht mehr, und so hielt er die Zeit für günstig, durch besondere „der Armee" gegen Dreyfus zu leistende Dienste seine Laufbahn zu krönen. Ob, wie behauptet worden ist, ihm von militärischer Seite schon vorher zugesichert worden war, einstweilen, spätere politische Belohnungen vorbehalten, als Ersatz seines Präsidentengehalts von 25000 Francs mit 36000 Francs sog. Redakteurgehalt am „Echo de Paris" untergebracht zu werden, weiss ich nicht. Seine später im Ehrenhandel mit dem Senator Bérenger auf „Ehrenwort" abgegebene Erklärung, er habe für seine Zeitungsartikel kein besonderes Honorar erhalten, bedeutet nichts. Dieser Herr Quesnay de Beaurepaire begann also seinen Feldzug in folgender unglaublich infamen Weise. Nachdem er schon einige Zeit durch von ihm geschriebene oder von ihm inspirirte Korrespondenzen in dem klerikalen „Journal de Bruxelles" mit allerlei heimtückischen Verdächtigungen der Kriminalkammer vorgearbeitet hatte, brachte er im Januar 1899 die Pariser „Patrie" Millevoye's, eines der verlogensten Blätter Anti-Dreyfus'scher Richtung, in die Lage, den Rath Bard durch Veröffentlichung eines angeblich in Gegenwart Beaurepaire's zwischen Bard und dem Oberstlieutenant Picquart während der Dreyfus-Enquête geschehenen Vorgangs in folgender kolossalen Gestalt zu verleumden. Bard sollte eines schönen Tages, in vollem Ornat, in der irrigen Meinung, den dort als Zeugen seiner Vernehmung harrenden Picquart vor sich zu haben, in Beaurepaire's Zimmer mit den Worten eingetreten sein „ach, lieber Picquart, wir quälen uns da eben in der Kriminalkammer mit der Vernehmung des Zeugen Generals Gonse ab, Sie müssen uns helfen, mit dem dummen Zeugniss fertig zu werden".

Eine schlimmere Kollusion zwischen Richter und Zeugen, als sie hier behauptet wurde, war nicht wohl denkbar. Und was war in Wirklichkeit geschehen? Bard war einmal vom Präsidenten Löw beauftragt worden, zur Vermeidung schriftlicher Weitläufigkeiten doch mündlich den in einem der Präsidentenzimmer auf seine Vernehmung wartenden, vom Gensdarmeriekapitän Hercqué bewachten Gefangenen Picquart mündlich auf den nächsten Tag zu bestellen, er war zu diesem Zwecke, ohne ein Wort zu äussern, versehentlich in Beaurepaire's Zimmer eingetreten, hatte sich aber, sobald er sein Versehen bemerkte, mit der Entschuldigung, er suche einen in Haft befindlichen Zeugen, klanglos wieder entfernt und seinen Auftrag im nächsten Zimmer an Hercqué und Picquart ausgerichtet. Jedermann musste beim Lesen der unglaublichen Mähr in der „Patrie" darüber im Klaren sein, dass Beaurepaire allein der Inspirator der Calumnie sein könne, da er allein das ausschliesslich zwischen ihm und Bard in seinem Amtszimmer Geschehene wissen konnte. Als ihn jedoch der ihm befreundete Bard unter Mittheilung der verleumderischen Zeitungsnotiz brieflich zur Berichtigung des Vorgangs aufforderte, begnügte sich Herr Beaurepaire damit, die Schuld an der Veröffentlichung abzuleugnen, und in einer salbungsvollen Schlussphrase die zwischen ihm und Bard leider bestehenden Meinungsverschiedenheiten in der „Affaire" zu beklagen. Dem ersten Präsidenten Mazeau gegenüber musste er dann freilich die Richtigkeit der Bard'schen Darstellung zugeben. In jedem anderen Lande der Welt würde ein solcher Mann, der sich als Mitglied des höchsten Gerichtshofs mittelbar oder unmittelbar eines derartig schamlosen Angriffs gegen einen seiner Kollegen und die Körperschaft, der er angehört, schuldig gemacht, für alle Zeiten ehrlos geächtet werden, zum mindesten den letzten Anspruch, noch mit einem Worte Glauben zu finden, für alle Zeit eingebüsst haben. In Frankreich hat Herr Quesnay de Beaurepaire, ähnlich wie vor ihm Herr Walsin-Esterhazy, als Held gefeiert, seine niederträchtige Kampagne gegen die Kriminalkammer erfolgreich zu Ende führen dürfen. Er erklärte jetzt mit Eklat, nicht ferner

Mitglied des Kassationshofes sein zu können, dieweil sein Gewissen ihm verbiete, das parteiische Treiben der Kriminalkammer gegen „die Armee“ ferner ruhig mit anzusehen; er errichtete im „Echo de Paris“ eine Art von Verleumdungsbureau, dem jeder zutragen sollte, was er an Unrath gegen die Kriminalkammer zusammengelesen; er fegte persönlich in allen Winkeln, Schreibstuben, Botenzimmern des Kassationshofes sorgfältig zusammen, was sich dort an Klatsch der Bureaubeamten, Gerichtsschreiber, Portiers, Boten, Lampenputzer, Wachtposten — anscheinend war dieses ganze Gesindel durch stetige Lektüre der „Libre Parole“ total in antidreyfus'scher Richtung korrumpirt — umhertrieb; er nahm von jedem Gerede Akt, das einige mit der Kriminalkammer unzufriedene militärische Zeugen*) über die sie vernehmenden Richter, ihre „insidiösen“ Fragen, ihr skeptisches Verhalten etc. in Umlauf gebracht hatten.

All' dieses unqualifizirbare Zeug wurde, sobald sich der Zwischenfall Bard-Picquart als unverfänglich aufgeklärt hatte, auf Antrag des Herrn Beaurepaire zum Gegenstand einer ausführlichen, man weiss nicht, ob disziplinären oder parlamentarischen neuen Enquête gemacht. Der Justizminister Lebret fand keinen Anstand, eine derartige Enquête zu veranlassen, und der erste Präsident des Kassationshofes, Mazeau, nebst zwei der ältesten Richter der beiden nichtkriminellen Kammern (Darest und Voisin) fanden es nicht gegen richterliche Würde und Anstand, die gewünschte Enquête durchzuführen. In diesem niederträchtigen Verfahren wurde erörtert, ob der Zeuge Picquart zu Recht oder Unrecht im Kassationshofe einmal ein Glas Punsch getrunken und eine Zigarette geraucht, wie es gekommen, dass einer der Räthe gleichzeitig mit Picquart mehrfach das Pissoir benutzt, ob der Präsident Löw bei Instruirung des Gendarmen Hercqué wegen Vorführung des Gefangenen Picquart für den folgenden Tag in des letzteren Gegenwart das Barret aufgehabt oder nicht, ob der Rath Bard einmal auf dem Korridor des Palais de Justice von den Advokaten Demange und Labori begrüsst und

*) Quesnay de Beaurepaire, sein Freund, der Versailler Untersuchungsrichter Grosjean und der Kapitän Cuignet arbeiteten hierbei gemeinsam im Komplott.

angesprochen worden sei, wie es um die Vermögensverhältnisse dieses oder jenes Mitglieds der Kriminalkammer stände, ob dieselben sich seit der Revisionskampagne nicht auffällig gebessert hätten, weshalb Löw gerade Bard zum Referenten bestellt u. s. w., u. s. w.. Nachdem man vierzehn Tage in diesen Elendigkeiten herumgewühlt und nicht den Schatten eines Makels entdeckt hatte, erachteten es Herr Mazeau mit seinen beiden Enquêteurs für angemessen, bei Ueberreichung ihrer schmutzigen Protokolle an den Justizminister zwar die völlig unberührt gebliebene „honorabilité" sämmtlicher Mitglieder der Kriminalkammer anzuerkennen, doch aber als ihre Meinung auszusprechen, es würde immerhin klug („sage") sein, die Verantwortlichkeit des Schlussurtheils in der Dreyfus-Revision nicht der Kriminalkammer allein zu belassen, diese Verantwortlichkeit vielmehr auf die im Plenum vereinigten drei Kammern zu übertragen; denn — die Räthe der Kriminalkammer seien nun einmal das Opfer beleidigender und beschimpfender Angriffe geworden, deshalb nicht mehr hinreichend unbefangen, in der Sache selbst zu erkennen! — Wahrlich, wenn es genügen soll, einen Richter grundlos zu beschimpfen, um ihn für sein Richteramt untauglich zu machen, dann hat jeder Verbrecher es bequem in der Hand, alle Richter der Welt als parteiisch abzuthun.

Indessen dem Durchschnittsfranzosen erschien es ein vollkommen einleuchtendes und durchschlagendes Aperçu, das ihm sein Leibblatt täglich vorschwatzte: ein Richter dürfe, wie Cäsar's Frau, niemals suspekt werden, die Kriminalkammer sei nun einmal suspekt geworden, folglich müsse sie „dessaisirt", d. h., es müsse ihr die Sache abgenommen werden. Für den Ministerpräsidenten Dupuy, der sicherlich mit Herrn Mazeau dessen oben berichtete Meinungsäusserung vereinbart hatte, sind offenbar irgend welche rein politische Betrachtungen parlamentarischer Taktik maassgebend gewesen, ihn zu einer plötzlichen Schwenkung gegen die Kriminalkammer des Kassationshofs zu bestimmen. Derselbe Minister, der sich bisher konsequent und energisch gegen jeden Eingriff der Legislative in die richterliche Gewalt und gegen alle Dessaisirungsversuche verschiedener Parlamentarier im Senat wie in der Deputirtenkammer aufgelehnt hatte, liess auf die Mazeau'sche Enquête hin jetzt mit einem Male durch seinen Justizminister Lebret einen Gesetzentwurf im Sinne der bisher bekämpften Dessaisirung einbringen. Der Art. 445 des Code d'instruction criminelle sollte in seinen beiden ersten Absätzen dahin abgeändert werden, dass die Kriminalkammer des Kassationshofes zwar zuständig bleibe, über die formale Zulässigkeit und die materielle Begründung von Revisionsanträgen zu erkennen, dass aber, sobald die Kriminalkammer nicht in der Lage sei, sofort in der Sache selbst ein Urtheil abzugeben, vielmehr eine Vervollständigung der Untersuchung durch Beweiserhebungen, sei es vor der Kammer selbst, sei es kommissarisch, für erforderlich erachte, dann regelmässig die vereinigten Kammern das Schlussurtheil abzugeben, und, falls sie fernere kontradiktorische Erörterungen — „nouveaux débats contradictoires" — für angezeigt hielten, sie unter Vernichtung des gesammten vorinstanzlichen Verfahrens und unter Feststellung der maassgebenden Gesichtspunkte — „elles fixeront les questions qui devront être posées" — die Sache in die Vorinstanz, je nach Befinden dasselbe oder ein anderes Gericht, zurückzuverweisen hätten. Obwohl die mit der Vorberathung dieses Gesetzentwurfs betraute Kommission der Deputirtenkammer (Berichterstatter Renault-Morlière) sich mit 9 gegen 2 Stimmen für Verwerfung dieser Regierungsvorlage aussprach, obwohl fast sämmtliche Führer der republikanischen Gruppen des Parlaments — Léon Bourgeois, Barthou, Poincaré (beides Minister unter Méline), Brisson, Sarrien (die beiden unmittelbaren Vorgänger Dupuy's und Lebret's), Pelletan, Millerand. Henri Blanc, Decrais, Isambert, Mesureur, Viviani u. a. m. — in einem gemeinsamen Manifest beweglich vor dem revolutionären Eingriff in einen schwebenden Strafprozess warnten, erfolgte in der Deputirtenkammer am 10. Februar 1899 die Annahme des Gesetzentwurfs mit der starken Mehrheit von 332 Stimmen gegen 216. Was hierbei der Justizminiser Lebret zur Rechtfertigung der Vorlage an juristischen Argumenten vorbrachte, verträgt keine ernsthafte Kritik; er stützte sich auf die völlig verfehlte Analogie des Untersuchungsrichters, der nicht in der Sache erkennender Richter sein dürfe, obwohl es ihm sicher klar war, dass vorliegendenfalls die Kriminalkammer nicht zwecks einer Voruntersuchung, sondern von vornherein als erkennendes Gericht unmittelbar vor sich selbst die Beweise erhebe und darüber verhandele, und dass, wäre die Analogie zutreffend, daraus die endgültige Unfähigkeit der Kriminalkammer, sich an der Fällung des Schlussurtheils überhaupt noch zu betheiligen, nicht aber ihre Mitwirkung im Verein mit den beiden anderen Kammern zu folgern sei. Für den Politiker Dupuy wiederum war nach seiner Erklärung maassgebend, einmal, dass er doch den Schlussbericht des Herrn Mazeau nicht habe einfach in die Tasche stecken können, zweitens, dass eine so „exzeptionelle" Affaire, wie die des Dreyfus, auch „exzeptionelle" Gesetze rechtfertige, und drittens, dass es doch ein guter Prüfstein für die überzeugende Kraft eines Urtheils der Kriminalkammer wäre, wenn sie die beiden anderen Kammern, und durch diese die öffentliche Meinung des Landes für sich zu gewinnen im Stande sei! Für die republikanische Mehrheit der Deputirten — also von den Monarchisten, Antisemiten und Nationalisten abgesehen — war ausschliesslich der Beweggrund bestimmend, dass Dupuy die Vertrauensfrage gestellt hatte und man angesichts der ungünstigen Lage der auswärtigen wie der inneren Angelegenheiten des Landes vor einer Ministerkrisis zurückscheute. Die Faschodaniederlage steckte damals den Franzosen noch empfindlicher im Blut, als sie es sich äusserlich merken lassen wollten.

Kaum war die Regierungsvorlage an den Senat hinübergelangt und an eine Kommission verwiesen, da starb (16. Februar 1899) der Präsident der Republik, Felix Faure, und der bisherige Präsident des Senats, Loubet, wurde sein Nachfolger. Auch hierbei spielte die „Affaire" erheblich mit. Loubet galt als in der Dreyfusfrage unparteiisch, während sein Gegenkandidat Méline, für den die Antidreyfüsler stimmten, als Gegner der Revision bekannt war. Die Pariser tumultuarischen Strassendemonstrationen der patriotisch-monarchischen Liguisten gegen Loubet zeigten aller Welt, wie verhasst ihnen Loubet's Wahl war.

Der der Regierungsvorlage günstige Bericht des Senators Brisseuil bildet ein Muster schaler Advokatenrabulistik und banalster politischer Phraseologie. Das Dessaisirungsgesetz sei weder ein Gelegenheits-, noch ein Ausnahme-, noch ein revolutionäres Gesetz, belehrt uns der Berichterstatter mit Hülfe einiger wohlfeiler Sophistereien; da die Kriminalkammer in Folge ihrer Enquête und der ihr zu Theil gewordenen Schmähungen nun einmal befangen und der Parteilichkeit verdächtig geworden sei, so, wird des breitesten ausgeführt, entspräche es durchaus normalen Prozessgrundsätzen, dass sie nicht mehr allein das Urtheil spreche. Die Erwägung, das Plenum des Kassationshofs könne ebenso leicht, wie die Kriminalkammer, geschmäht, befangen, suspekt und für eine neue Dessaisirung reif gemacht werden, wird mit einer sonoren Phrase als undenkbare Eventualität abgefertigt. Die kriminalpolitischen und prozessualen Haupteinwände gegen das Gesetz — dass dasselbe mit rückwirkender Kraft in einen schwebenden, von der Kriminalkammer auf dem Boden des bestehenden Art. 445 des Code bereits instruirten und durch den Revisionsbeschluss vom 29. Oktober 1898 im Sinne eines der Kriminalkammer ausschliesslich zustehenden Schlussurtheils bereits vorentschiedenen Strafprozess eingreife, dass der vorausgesetzte Verdacht der Befangenheit mit zwingender juristischer Logik die gänzliche Unfähigkeit der Kriminalkammer, in der Sache als erkennende Richter mitzuwirken, nicht aber ihre blosse Verwässerung durch Zuziehung der beiden anderen Kammern bedinge, dass sich unter den Mitgliedern dieser beiden anderen Kammern gerade so viele notorische Antidreyfusards befänden, wie vermeintliche Dreyfusards in der Kriminalkammer, und dass ein von einem solchen ad hoc eingesetzten Ausnahmegerichtshof zu Ungunsten der Revision abgegebenes Schlussurtheil von den überzeugten Vertheidigern der Unschuld des Dreyfus niemals als der Ausfluss unparteiischer Gerechtigkeit anerkannt werden, daher die „Affaire“ nimmermehr beenden, sondern sie verewigen werde — wurden im Bericht mit Stillschweigen übergangen.

Das einzige durchschlagende Argument, das sich für ein Ausnahmegesetz und einen Ausnahmegerichtshof in der „Affaire“ beibringen liess, hätte nach meiner Ueberzeugung darin bestanden, dass ein Tribunal, in dem ein Subjekt vom Schlage des Kammerpräsidenten Quesnay de Beaurepaire so lange Zeit eine so hervorragende Stellung eingenommen, immer befleckt und immer suspekt sei. Der Grund sprach aber nicht gegen die Kriminalkammer, sondern gegen den ganzen Kassationshof. — Trotz alledem fand sich schliesslich auch im Senat eine gouvernementale Mehrheit für das Dessaisirungsgesetz zusammen. Die Mehrheit war erheblich schwächer, die Kämpfe waren lebhafter geworden, die hervorragendsten Juristen des Senats, Bérenger und Waldeck-Rousseau an der Spitze, vernichteten erbarmungslos den letzten Rest von rechtlichen Scheingründen der beabsichtigten Dessaisirung der Kriminalkammer, — es half nichts, das sumpfige republikanische Zentrum wollte gerade jetzt, unmittelbar nach dem Deroulède'schen Staatsstreichsputsch, weniger als je eine Ministerkrisis haben, und so erfolgte am 1. März 1899 mit einer Majorität von 27 Stimmen (158 gegen 131) im Senat die Annahme der Regierungsvorlage. Schon damals übrigens flüsterten sich Pariser Politiker das Geheimniss zu, der Plan des schlauen Auvergnaten Dupuy ginge dahin, zunächst einmal der Armee und den Revisionsgegnern den Gefallen einer der Kriminalkammer versetzten Ohrfeige zu erweisen, dann mit Hülfe des Herrn Mazeau das Plenum des Kassationshofs zu einer lediglich die Aufhebung des Urtheils vom 22. Dezember 1894 aussprechenden Entscheidung herumzustimmen und endlich dem Kriegsgericht selbst die Verantwortlichkeit für die Freisprechung des Alfred Dreyfus als nicht genügend überführt zu überlassen. Damit werde die „Affaire“ endgültig aus der Welt geschafft und Frankreich beruhigt werden! Nach einer anderen von Esterhazy in Umlauf gesetzten Version hoffte Dupuy die Sache schon im Kassationshofe durch eine die formale Unzulässigkeit der Revision aussprechende Entscheidung strafgerichtlich scheitern zu sehen und die „Affaire“ dann durch Begnadigung des Dreyfus allendlich zu begraben. Der der Revision allzugünstig gestimmte Generalprokurator Manau sollte zu diesem Zwecke vorher beseitigt und durch ein gefügigeres Werkzeug ersetzt werden. Es scheint indessen, dass der neue Präsident Loubet für diesen Plan nicht zu haben war, und der ganzen überschlauen Rechnung überhaupt durch Felix Faure's unzeitigen Tod das Zusammenspiel gestört worden ist. Ueberdies gehörte dazu, dass, während der neue

Referent im Plenum des Kassationshofes, der Nachfolger Quesnay de Beaurepaire's, Präsident der Zivilkammer Ballot-Beaupré, dem Aktenstudium oblag und die Hauptverhandlung langsam vorbereitete, die öffentliche Meinung ein wenig zur Ruhe kam und die Karten in der Stille so gemischt werden konnten, wie es den Wünschen der Revisionsgegner entsprach. Auch hierin erfuhren diese jedoch eine bittere Enttäuschung. Der Pariser „Figaro“ hatte sich irgendwie in den Besitz der beiden Bände Enquêteverhandlungen der Kriminalkammer zu setzen gewusst: vom 31. März 1899 ab durch den ganzen April hindurch veröffentlichte er, ungenirt durch das presspolizeiliche Verbot der Veröffentlichung von Aktenstücken eines noch schwebenden Strafprozesses und durch eine ihm dieserhalb zudiktirte Geldstrafe, den Wortlaut jener Protokolle mit den ihnen angehängten Urkunden. Damit war der „Affaire“ und den um sie kämpfenden Parteien ausgiebiger Stoff in Hülle und Fülle zugeführt. Auch wirkte diese täglich in leicht lesbaren Absätzen sich fortsetzende Art der Veröffentlichung naturgemäss unendlich eindringlicher auf das Publikum, als hätte das letztere mit einem Male die gesammte Masse des Enquêtematerials in sich aufnehmen sollen. Dem unparteiischen Beobachter, der durch die Figaro-Publikationen erregten öffentlichen Meinung wurde sehr bald erkennbar, dass die Revisionsgegner täglich hoffnungsloser in die Defensive zurückgedrängt wurden.

Den weitschichtigen Inhalt der Enquête des Kassationshofs auch nur summarisch wiederzugeben ist unmöglich. Es handelt sich um mehr als 90 Vernehmungsprotokolle, von denen einige, z. B. diejenigen der Zeugen Cavaignac, Roget, Picquart, Cuignet u. a. m. jedes verschiedene Sitzungstage und einige Dutzend der grossen Zeitungsspalten des „Figaro“ für sich in Anspruch genommen haben.

Gelegentlich sind einzelne Ergebnisse dieser Enquête bereits anderweitig im Laufe der Darstellung von mir angemerkt worden. An dieser Stelle muss es genügen, den wesentlichen Gesammteindruck kurz zusammenzufassen.

Ein Punkt von negativer Bedeutung springt hierbei vor allem in die Augen. Wer etwa erwartet hatte, es werde dem

Kassationshofe in seiner richterlichen Allmacht und Allweisheit gelingen, die Urheberschaft des Bordereau positiv festzustellen, bleibt enttäuscht.

Und wer etwa noch nicht wusste, dass Schriftvergleichung das nichtsnutzigste medium eruendae veritatis im Strafprozess abgiebt, konnte durch die Lektüre der Experten hierüber mehr als hinreichende Wissenschaft gewinnen. Mit der Autorität der professionellen Schreibsachverständigen müsste es eigentlich nach dem, was sie im Dreyfus-Prozesse geleistet haben, für alle Zeit in der Kulturwelt zu Ende sein. Eine grössere Anhäufung sinnloser Widersprüche ist nicht wohl denkbar. Der absolut verworrene Herr Alphons Bertillon mit seinem Genossen Teyssonières sind auch vor dem Kassationshofe bei ihrem alten Sprüchlein geblieben, Dreyfus habe mit entstellter, künstlich sich selbst nachgemachter Schrift das Bordereau verfasst. Der dritte Sachverständige des Dreyfus-Prozesses Charavay ist, wie schon erwähnt, angesichts der Esterhazy-Handschrift von seinem früheren Gutachten zurückgetreten, und erkannte des Dreyfus Handschrift im Bordereau nicht mehr wieder. Ebenso fanden die drei Experten des Esterhazy-Prozesses Belhomme, Couard und Varinard keinen Anlass, vor dem Kassationshofe an ihrer früher ausgesprochenen merkwürdigen Ansicht etwas zu ändern, das Bordereau zeige zwar nachgemachte Züge der Esterhazy-Handschrift, die aber nicht von Esterhazy selbst herrührten.

Die Experten Gobert und Pelletier, die schon im Dreyfus-Prozesse sich ausser Stande erklärten, Dreyfus' Handschrift im Bordereau wiederzuerkennen, haben, zumal Gobert, der Experte der Bank von Frankreich, jetzt energisch Esterhazy als Schreiber des Bordereau inkulpirt. Dasselbe bezeugten vor dem Kassationshofe der Direktor und zwei Professoren der Pariser école des chartes, die Herren Paul Meyer, Giry und Molinier, indem sie bedenkenlos Esterhazy's Handschrift im Bordereau wiedererkennen zu müssen erklärten. Abgezählt ergäbe dies von 11 Sachverständigen 2 gegen Dreyfus, 6 für Dreyfus und gegen Esterhazy, 3 zu Gunsten von Esterhazy und indifferent bezüglich des Dreyfus; entschiede Stimmenmehrheit, so hätte Esterhazy 6 Stimmen gegen sich, 5 Stimmen für sich, Alfred Dreyfus nur noch die klägliche Minderheit von 2 Stimmen positiv zu seinen Lasten. — Die Identität des Bordereaupapiers und zweier von Esterhazy als echt anerkannter Briefe aus dem Sommer 1894 ist in der Enquête durch Experten festgestellt worden. — Irgend ein anderweites, Dreyfus oder Esterhazy unmittelbar inkulpirendes oder exkulpirendes Zeugniss dritter Personen bezüglich der Urheberschaft des Bordereau ist nicht erbracht. Alles, was die Enquête in dieser Beziehung ermittelt hat, beschränkt sich auf aussergerichtliche eigene Aeusserungen Esterhazy's, die bald Dreyfus als unschuldig bezeichnet haben sollen, bald auch — nach Angaben des Pariser Korrespondenten Londoner Blätter Strong — ausführlicher schilderten, wie er, Esterhazy, auf Ordre des damaligen Chefs des Bureau des renseignements, Obersten Sandherr, nach dessen Diktat das Bordereau geschrieben habe, um ein Ueberführungsstück gegen Dreyfus anzufertigen; er, Esterhazy, habe seine gewöhnliche, normale Handschrift gebraucht, Sandherr habe das von ihm, Esterhazy, geschriebene Original aber für die offiziellen Zwecke durchpausen lassen, und dabei seien in dem, in den Dreyfus-Akten allein vorhandenen, durchgepausten Exemplar des Bordereau Modifikationen seiner ursprünglichen Handschrift entstanden, in die der Sachverstand des Herrn Bertillon sich rettungslos verwickelt hat. Bei der ungeheuerlichen Lügenhaftigkeit Esterhazy's sind diese Geschichten mit Vorsicht zu verwerthen. Vor dem Kassationshofe hat Esterhazy selbst bekanntermaassen jede Erklärung über das Bordereau verweigert, dieweil chose jugée vorliegt.

Andererseits hat die Enquête auch keinerlei Aufklärung darüber zu erbringen vermocht, ob das Bordereau und die in ihm verzeichneten Urkunden überhaupt in die Hände eines Vertreters der auswärtigen Mächte, sei es Oberst v. Schwartzkoppen oder wer sonst, gelangt sind, von wem und in welcher Weise das Bordereau in Wahrheit aufgefangen und an Henry überbracht worden ist. In all' diesen entscheidenden Punkten liegen nach wie vor nichts als unsichere Vermuthungen vor. Oberst v. Schwartzkoppen soll gelegentlich Panizzardi gegenüber sich in dem Sinne geäussert haben, als hätte er die Anlagen des Bordereau von Esterhazy ohne das von ihm sogleich vermisste

Begleitschreiben zugesandt erhalten.*) Nach Esterhazy's, dem Journalisten Strong gemachten, nach Verkündung des Revisionsurtheils ausführlich wiederholten Zugeständnissen, wäre das Bordereau von vornherein nur als Fiktion von Sandherr erfunden, dem Schwartzkoppen'schen Concierge zugeschmuggelt worden, um es von diesem, als vermeintlich Schwartzkoppen entwendet, wieder in den Generalstab zurück zu eskamotiren. Nach Picquart'scher Meinung hat irgend ein in der vornehmen Pariser Gesellschaft verkehrender sog. Rastaquère höchst zweifelhaften Charakters, der bald aus Sympathie, bald auch für baares Geld Gegenspionage gegen v. Schwartzkoppen verübte, bei dem Erscheinen des Bordereau irgendwie mitgewirkt. Nach meiner persönlichen Ueberzeugung trägt das Bordereau alle Anzeichen eines für irgend welche dunklen Zwecke gemachten Fabrikats an sich. In derartig förmlicher, bureaukratisch-geschäftsmässiger Weise wird schwerlich ein Spion, falls er noch einigermaassen zurechnungsfähig ist, militärische Geheimnisse einem fremden Diplomaten unmittelbar zusenden, am wenigsten ein Offizier, der sich dabei der Verübung einer todeswürdigen Felonie bewusst sein muss. Derartige Verkehrsbeziehungen lieben andere, unendlich verstecktere Formen. Wie dem indessen auch sei, das Bordereau bleibt nach wie vor der Enquête eine apokryphe Urkunde dunkelster Beschaffenheit.

Dem Beispiele Cavaignac's (Rede vom 7. Juli 1898 in der Deputirtenkammer mit dem faux Henry) folgend haben vor dem Kassationshofe die militärischen Verfechter der Dreyfusschuld es schliesslich auch vorgezogen, die Frage der handschriftlichen Autorschaft des Bordereau als gleichgültig in den Hintergrund zu rücken, und dafür ihre Stützpunkte hauptsächlich theils in den angeblichen Geständnissen des Exkapitäns (Cuignet), theils in dem Inhalt des dossier secret (den aufgefangenen Schwartzkoppen-Pannizardi'schen Korrespondenzen), theils endlich in der sog. i n n e r e n Beweiskraft des Bordereau (Cavaignac, Roget, Zurlinden,

---

*) Offiziell hat Graf Münster auch jeglichen Konnex zwischen v. Schwartzkoppen und Esterhazy dementiren müssen. Nachdem Ende Oktober 1897 Esterhazy Schwartzkoppen's Intervention nachgesucht, ist letzterer von Paris abberufen worden.

Cuignet) zu suchen. Die letztbezeichnete Argumentation läuft auf den kahlen Satz hinaus, dass Alfred Dreyfus als Generalstabsoffizier und Artillerist vorzüglich in der Lage gewesen sei, sich die im Bordereau aufgeführten militärischen Urkunden zu verschaffen, was Esterhazy nicht vermocht hätte. Eine ganze Reihe hervorragender militärischer Sachverständiger (Picquart, Oberst Hartmann u. a. m.) haben die entgegengesetzte These mit mindestens ebenso schlagenden Gründen vertheidigt, und die Unwahrscheinlichkeit flagrant nachgewiesen, dass ein Generalstabsoffizier und Artillerist von der Qualität des Alfred Dreyfus jemals in der unkorrekten Schreibweise des Bordereau über militärisch-technische Dinge seines Berufs sich ausgedrückt haben könne, dass im Uebrigen die Urkunden des Bordereau ohne Schwierigkeit sowohl von Esterhazy, wie von hundert anderen Offizieren der französischen Armee gekannt, besessen und verrathen werden konnten, und dass insbesondere die Schlussphrase des Bordereau „je vais partir en manœuvres" auf Dreyfus schlechterdings nicht passt. Hierüber sind endlose Protokolle in der Enquête zusammengeschrieben worden. Es verlohnt sich, wie ich glaube, nicht, über diese Erörterungen ein Wort weiter zu verlieren. Denn es ist klar, dass der ganze von den Anklägern des Dreyfus hier entwickelte Scharfsinn nichtig und leer ist. Es steht nicht in Frage, ob Dreyfus in der vom Bordereau angedeuteten Richtung denkbarer Weise Verrath verübt haben kann, sondern ob er ihn thatsächlich verübt hat, ob er solchen Verraths überführt ist. Und in dieser Beziehung sind all' jene, oft abenteuerlich künstlichen und spitzfindigen Deduktionen der französischen Generalstäbler schlechthin beweisunkräftig.*)

Ueber die „Geständnisse" des Alfred Dreyfus bin ich schon oben (S. 30 ff.) so ausführlich gewesen, dass ich mich an dieser

*) Zur Charakteristik der geradezu frivolen Art, wie aus dem Inhalte des Bordereau gegen Dreyfus deduzirt wurde, mag hier erwähnt werden, dass bezüglich der Schlussphrase „je vais partir en manœuvres" anfangs behauptet wurde, Dreyfus habe bis in den August 1894 glauben können, er werde zu den grossen Manövern kommandirt werden, bis der Nachweis erbracht wurde, dass Dreyfus bereits durch Ordre vom 17. Mai 1894 erfahren hatte, er werde an den Manövern nicht theilnehmen.

Stelle kurz fassen kann. Die Enquête hat im vollsten Umfange Alles bestätigt, was schon der Berichterstatter Bard in der ersten Revisionsverhandlung vor der Kriminalkammer des Kassationshofes hierüber kritisch ins Licht gestellt hatte. Die ganze Geschichte der „Geständnisse" ist eine erst im Jahre 1898 während der Dreyfuskampagne militärischerseits erfundene Unwahrheit. Dreyfus hat vor, in und nach der Degradation und Deportation fortgesetzt seine Unschuld so heftig, vernehmlich und unzweideutig betheuert, dass nur ein hohes Maass von Böswilligkeit oder Dummheit darauf verfallen konnte, in dem, was der Gensdarm Lebrun-Renault oder der Gardist Depert gehört haben wollen, Schuldbekenntnisse zu entdecken. Das Einzige, was die Enquête hierüber Neues zu Tage gefördert hat, sind Zweifel, ob Lebrun-Renault überhaupt je in gutem Glauben gewesen ist, an „Geständnisse" erinnernde Worte gehört zu haben. Er hat am Abend des Degradationsakts (5. Januar 1895) in einem öffentlichen Tanzlokale des Breitesten mit der Schilderung der Degradation geprahlt, ohne ein Wort von „Geständnissen" zu reden, und seine Ausflucht, hierüber zu reden sei ihm verboten gewesen, ist um deshalb hinfällig, weil das Verbot erst am 6. Januar 1895 Mittags erfolgt ist (Zeugniss des Oberst Risbourg). Ebenso falsch haben sich seine Ausreden erwiesen, weshalb er am 6. Januar 1895 weder dem Ministerpräsidenten Dupuy, noch dem Präsidenten der Republik Casimir-Perier, zu denen er speziell beordert worden war, dienstliche Meldung zu machen, über die Geständnisse berichtet hat. Der urkundlich vorliegende dienstliche Bericht über den Degradationsakt vermerkt in der hierfür bestimmten Kolonne: es sei nichts Bemerkenswerthes zu berichten. Vollends misstrauisch wird man schliesslich gegen die Glaubwürdigkeit dieses Soldaten, wenn man aus seinem eigenen Munde erfährt, er habe zwar noch im Jahre 1898 das Notizblatt besessen, auf dem er sich die Aeusserung des Dreyfus sofort notirt, dieses Blatt auch noch im Sommer 1898 dem Kriegsminister Cavaignac behufs Entnahme einer Abschrift vorgezeigt, es sodann aber schleunigst vernichtet! Es scheint, dass das fr. „Notizblatt" die Spuren einer frisch für den Zweck geschehenen Anfertigung allzudeutlich an sich trug.

Und nun der dossier secret des Generalstabs! Eine heillosere und schimpflichere Blosstellung vor den Augen der Welt, als sie die Vertreter des französischen Generalstabs, die Cavaignac, Gonse, Roget, Cuignet etc. durch die Produktion dieses ihres Dossiers vor dem Kassationshofe der von ihnen vertretenen Armeeführung zugefügt haben, ist in den Annalen moderner Militärverwaltung schwerlich jemals vorgekommen. Nichts, als eine Summe der ruchlosesten Fälschungen und der sinnlosesten Umdeutungen ohne irgend eine Spur von Dreyfus auch nur verdächtigenden Indizien. Da steht an der Spitze die Panizzardi'sche, an seine Regierung gerichtete chiffrirte Depesche vom 2. November 1894, unmittelbar nach dem Bekanntwerden von Dreyfus' Verhaftung unter Benutzung eines neuen Chiffre nach Rom expedirt, vom Pariser Telegraphenamt dem auswärtigen Ministerium mitgetheilt, hier etwas mühsam dechiffrirt und sofort in Abschrift dem Bureau des renseignements zugestellt. Oberst Panizzardi meldet darin seiner vorgesetzten Behörde die Thatsache der Verhaftung des Generalstabskapitän Dreyfus, und fügt hinzu, falls die italienischen Behörden ohne Konnex mit Dreyfus wären, möchte es sich empfehlen, durch den Botschafter ein offizielles Dementi zu veröffentlichen, um die zu erwartenden Kommentare der Presse abzuschneiden.

Der Inhalt dieses, Alfred Dreyfus mindestens nach der Seite Italiens und Panizzardis positiv entlastenden Telegramms passte den Leuten des Generalstabs nicht in ihr Geschäft. Der Chef des Nachrichtenbureaus, Oberst Sandherr, liess daher das ihm unbequeme Schriftstück einfach verschwinden. Einige Jahre später erschien es jedoch den Herren Henry, du Paty, Gonse wiederum nützlich, die Panizzardische Note, die sich doch vielleicht gegen Dreyfus in der um seine Schuld geführten Kampagne brauchen liesse, in irgend einer Gestalt wieder zu besitzen; statt aber das ursprüngliche Telegramm, sei es vom auswärtigen Ministerium, sei es vom Telegraphenamt, amtlich zu erfordern, verfertigten General Gonse und Oberst du Paty zugestandenermaassen, wie sie angeben, aus dem Gedächtniss, in Wahrheit als Fälscher, ein neues Aktenstück, dessen Wortlaut nunmehr dahin ging: „Der Kapitän Dreyfus ist verhaftet worden. Der

Kriegsminister besitzt die Beweise seiner Beziehungen zu Deutschland. Alle Vorsichtsmaassregeln sind getroffen.“ Dieses Falsum wurde, nicht etwa als eine mehr oder weniger unsichere Gedächtnissnotiz, sondern als die wahre, richtig dechiffrirte Panizzardische, Dreyfus schwer gravirende Note dem dossier secret einverleibt. Es bedurfte einiger leichtfertiger Insinuationen des Kapitän Cuignet gegen das auswärtige Ministerium, um den Ministerialdirektor Paléologue vor dem Plenum des Kassationshofs (Sitzung vom 29. März 1899) zu veranlassen, den Cuignetschen Vorwurf mangelnden guten Glaubens durch die Evidenz der hier verübten Fälschung dem Generalstabe in's Gesicht zurückzuschleudern.*)

Durch die Enquête ist ferner festgestellt, dass General Gonse wissentlich falsch in die Dreyfusakten eine amtliche Registratur niedergeschrieben und unbeanstandet darin konservirt hat, inhalts deren die Familie Dreyfus von der Schuld des Exkapitäns überzeugt sei, obwohl die Gewährsmänner, auf die Gonse Bezug nahm (Painlevé und Hadamard), ihm vorher rechtzeitig die materielle Unwahrheit seiner Unterstellung dargethan hatten. Das ist derselbe General Gonse, lange Jahre zweiter Chef des Grossen Generalstabs, der Picquart's Bemühungen, die Nichtschuld des Dreyfus am Bordereau darzuthun, am schamlosesten entgegengetreten ist, der seine Picquart ertheilte Zustimmung zu den Recherchen gegen Esterhazy später am dreistesten abgeleugnet, Picquart fortgesetzt am erbittertsten verfolgt, der zweifellos mit du Paty gemeinsam die Kollusionen mit Esterhazy betrieben hat! Nachdem die Generalstäbler, um sich zu retten, Esterhazy und Henry und du Paty über Bord geworfen, wäre General Gonse längst an der Reihe gewesen, seinen Vorgängern ins Wasser zu folgen.

Kapitän Cuignet hat du Paty, den mit richterlicher Autorität die Untersuchung gegen Alfred Dreyfus führenden Generalstabsoffizier bestimmt beschuldigt, und für die Beschuldigung belastendsten Beweis erbracht, dass er, du Paty, im November

*) Der Vorgang hat die weitere Folge gehabt, dass der Kriegsminister Freycinet demissionirte und Cuignet zur Dispostion gestellt wurde.

1894 für die Presse (Eclair) den alten, längst in den Generalstabsakten verborgenen Schwartzkoppen-Panizzardi'schen Zettel „ce canaille de D.“ in „cet animal de Dreyfus“ verfälscht, dass ebenso er, du Paty, nach des Dreyfus Deportation einen an Dreyfus adressirten, „Weyller“ unterschriebenen Brief fabrizirt hat, der zwischen den Zeilen in sympathetischer, aber ohne Schwierigkeit erkennbarer Tinte den Adressaten Dreyfus aufs stärkste gravirende Mittheilungen enthielt, lediglich zu dem Zwecke, damit das teuflische Machwerk im Generalstabe aufgefangen, als wichtiges Aktenstück im dossier Dreyfus den übrigen Fabrikaten angeschlossen — und der Deportirte in seinem Käfig neuen Torturen unterworfen wurde.*)

Erinnert man sich zu alledem des faux Henry, der verbrecherischen Kollusionen des Generalstabs mit Esterhazy (Oktober bis Dezember 1897), der sonstigen aktenmässig erwiesenen zahlreichen Entfremdungen wichtiger amtlicher Urkunden aus den Akten des Generalstabs durch Sandherr, Henry und ihres Gleichen (des Lépine'schen, Dreyfus günstigen Polizeiberichts, des du Paty'schen Kommentars zum dossier secret, der Panizzardi'schen Chiffrenote vom 2. November 1894 etc.), sowie endlich der langen Reihe von Fälschungen, die erwiesenermaassen im Generalstabe gegen den Oberstlieutenant Picquart verübt worden sind (die nachträglich am petit bleu vorgenommenen Veränderungen, die falschen an Picquart adressirten Briefe und Telegramme), Dinge, von denen im letzten Abschnitt noch im Zusammenhange zu reden sein wird, so fragt man sich entsetzt, ob man es hier wirklich noch mit französischen Offizieren — oder mit einer Bande gewerbsmässiger Falschmünzer zu thun hat.

*) Diese Beschuldigung beruht allerdings wesentlich auf des Kapitän Cuignet's Angaben, der, um Henry thunlichst zu entlasten, du Paty thunlichst belastet hat. Indessen objektiv liegt das oben beschriebene Schriftstück vor, auf Henry's oder du Paty's Fabrik führen alle Anzeichen zurück, und du Paty's Rolle im ersten Dreyfusprozesse ist unbestreitbar eine so diabolische gewesen, dass man ihm als vermuthlichen Urheber auch dieses Teufelswerks nicht viel Unrecht thun kann. Dass er vor dem Kassationshofe theils geleugnet, theils die Schuld auf seine Vorgesetzten abgewälzt hat, dafür hat ihm wohl Esterhazy als Vorbild gedient. Par nobile fratrum.

Sind das die Vertreter „der Armee“, deren Ehre den Antidreyfusards zu besonderem Schutze anvertraut war? Wenn in den Bureaus der Pariser Rue St. Dominique das Metier des fälschlichen Anfertigens und Verschwindenlassens von Urkunden in einem gegen einen französischen Offizier schwebenden Strafprozesse dergestalt in Uebung war, welcher Anspruch auf Beweiskraft bleibt dann noch dem elenden Bordereau?*)

Dieser durch die Veröffentlichung der Enquêteverhandlungen aufgedeckte, durch und durch von Fäulniss zersetzte Untergrund der gesammten gegen Dreyfus zusammengetragenen Anschuldigungen musste schliesslich stärkere Wirkung auf die Richter ausüben, als die dürre Rechtsfrage, ob durch die Enquête nunmehr wirklich neue Thatsachen ermittelt worden seien, welche positiv die Nichtschuld des verurtheilten Exkapitäns erweisen („de nature, à établir l'innocence du condamné“ im Sinne der durch das französ. Ges. v. 8. Juni 1895 dem Art. 443 des Code d'instruction hinzugefügten No. 4). Das letztere lies sich nach

---

*) Nebenbei mag hier noch die Notiz Platz finden, dass nach zahlreichen, übereinstimmenden Anzeichen der dossier secret oder ultra secret des Generalstabes im Besitz von Fabrikaten gewesen sein muss, die sich als echte eigenhändige Briefe des Kaisers Wilhelm II. an seinen Vertrauensmann Alfred Dreyfus darstellten. Für die Existenz dieser später abgeleugneten und bei Seite geschafften erstaunlichen falsa spricht das Zeugniss Paléologue's, zu dem sich im November 1897 Henry berühmt hat, in solchen Briefen Ueberführungsstücke gegen Dreyfus zu besitzen, ein die Existenz derartiger Briefe auf's bestimmteste behauptender Artikel des vom Kabinetschef Boisdeffre's (Pauffin de Sain Morel) hierfür instruirten Rochefort im „Intransigeant“ (November 1897), eine von einem Zeugen (Andrade) bekundete, die Thatsache bestätigende Aeusserung Boisdeffre's zur Prinzess Mathilde („j'ai vu, de mes yeux, une lettre de l'empereur d'Allemagne à Dreyfus“) und das Bemühen Hanotaux's, seinen Kollegen Mercier mit Rücksicht auf drohende Verwickelungen mit Deutschland zur Unterdrückung der ganzen Dreyfus-Affaire zu bestimmen. Ob diese Kaiserbriefe auch dem Kriegsgericht im Geheimen mitgetheilt worden sind, muss dahingestellt bleiben. Später hat man sich offenbar im französischen Generalstabe des Gemisches von Bornirtheit und Ruchlosigkeit, die erforderlich waren, solche Korrespondenzen fälschlich anzufertigen und sie für glaublich zu halten, selbst geschämt: so hat man sie flugs wieder verschwinden lassen und sich mit den bekannten Dementis beholfen.

wie vor mit juristischen Gründen bestreiten. Waren doch so hervorragende Vertreter der Armee, wie die Herren Cavaignac, Zurlinden, Roget, Cuignet etc. in ihrer Ueberzeugung von der Schuld des Dreyfus unerschüttert geblieben, und wusste der grosse Jurist Herr Quesnay de Beaurepaire doch täglich in seinem „Echo de Paris“ an der Hand der täglichen Figaro-Publikationen darzuthun, wie durch kein Zeugniss und keine Urkunde die chose jugée in ihrem formalen Rechtsbestande wirksam angefochten worden sei. Es scheint in der That auch, als sei anfangs sowohl bei dem Berichterstatter Ballot-Beaupré, wie bei der Mehrheit des Kassationshofs eine Stimmung vorherrschend gewesen, die ausschliesslich auf den Art. 443 No. 4 des Code d'instruction gestützte Revision wegen Mangels neuer die Unschuld erweisender Thatsachen abzuweisen, und als hätten erst später mehr politische Bedenken und Einflüsse einer der Revision günstigeren richterlichen Strömung Bahn gebrochen. Der Bericht Ballot-Beaupré's zeigt sehr deutliche Spuren einer ursprünglich revisionsfeindlichen Haltung. Jedenfalls hat es dem Berichterstatter ersichtlich sehr viel Mühe gekostet, sich zu dem Rechtssatze durchzuarbeiten, dass unter den neuen Thatsachen des Art. 443 No. 4 unmöglich nur solche verstanden werden könnten, die positiv und ohne weiteres die Unschuld des Verurtheilten evident machten, dass vielmehr der Revisionsgrund auch schon in Thatumständen gefunden werden müsse, die ernste und schwere Zweifel gegen die Schuld des Verurtheilten („des doutes les plus sérieux sur la culpabilité, de graves présomptions d'erreur“) hervorzurufen geeignet seien, und dass es im freien Ermessen des formell einmal mit der Revision befassten Kassationshofs liege, zu entscheiden, ob die neu eruirten Zweifel das vom Gesetz vorausgesetzte Gewicht besässen, oder nicht. Die Besorgnisse vor den mit einer Verwerfung der Revision unfehlbar verknüpften ferneren Eventualitäten, der Verewigung der Dreyfuswirren, vor allem vor den dann sicher sofort zu erwartenden auf Art. 431 des Code d'instruction und die illegale Benutzung geheimer Aktenstücke gestützten Annullationsanträgen (arrêt rendu contrairement à la loi) haben offenbar zu guterletzt selbst die entschlossensten Revisionsgegner von etwas Besinnung zu der

Erkenntniss gebracht, das Urtheil vom 22. Dezember 1894 sei schlechterdings weder rechtlich, noch sittlich, noch politisch mehr lebensfähig.

Noch ehe allendlich am 29. Mai 1899 das Plenum des Kassationshofes zur Schlussverhandlung über die Revision zusammentrat, waren die Konklusionen des Berichterstatters, die Aufhebung des Urtheils vom 22. Dezember 1894 und Zurückverweisung der Sache an ein anderes Kriegsgericht beantragten, in der Oeffentlichkeit bekannt geworden. Damit war dieser Verhandlung das wesentlichste, sensationelle Interesse genommen. Den Inhalt der Enquête, den Standpunkt des Generalprokurators Manau und des Vertheidigers Mornard Ausführungen kannte man längst. Auch im Uebrigen erbrachte die Verlesung des Ballot-Beaupré'schen Berichts während fast der vollen beiden ersten Sitzungstage (29./30. Mai) einige Enttäuschungen. Ihm fehlte nach meinem Gefühl gänzlich die freimüthige, einheitlich geschlossene Haltung, die den Bard'schen Bericht auszeichnete. Viel zu viel weitschweifiges, zweideutiges Balanciren zwischen den für und gegen die Dreyfus-Schuld vorgebrachten Argumentationen, und viel zu viel höchst überflüssige Verbeugungen vor der „glorreichen Armee". Auf eine breite Rekapitulation der Prozessgeschichte und eine kürzere Darlegung der oben angedeuteten, für die Auslegung des Art. 443 No. 4, des Code d'instruction maassgebenden rechtlichen Gesichtspunkte, folgt im Bericht die Wiedergabe eines sehr gründlichen, die Ergebnisse der Enquête erörternden Mornard'schen Memorandums. Schon hierdurch wird die Farbe des Berichts äusserst schillernd, weil man Stunden lang fortgesetzt im Zweifel gelassen wird, ob man es mit der einseitigen Kritik zahlloser Zeugnisse und Urkunden seitens einer Prozesspartei oder mit der objektiv-richterlichen Kritik der Prozessergebnisse zu thun hat. Diese Methode der Berichterstattung erleichterte es dann Herrn Ballot-Beaupré, in der fingirten Form einer von den Dreyfusanklägern entworfenen entgegengesetzten Denkschrift, Alles nachdrücklich zusammenzutragen, was sich für die Aufrechterhaltung des Urtheils vom 22. Dezember 1894 geltend machen lässt. Wir hören jetzt geduldig mit an, dass die von Henry und du Paty begangenen, freilich nicht ganz zu billigenden Unregelmässigkeiten das vorher von ihnen gegen Dreyfus abgelegte Zeugniss nicht nachträglich anzutasten vermögen, dass graphologische Experten immer noch die Handschrift des Bordereau, militärische Sachverständige den Inhalt des Bordereau apodiktisch auf Dreyfus zurückführen, dass der militärische dossier secret doch eigentlich keine Dreyfus absolut exkulpirende, wohl aber manche gegen Dreyfus verwerthbare Indizien an die Hand giebt, kurz, dass von einer erwiesenen Unschuld des letzteren keinesfalls die Rede sein könne. Dies alles wird ohne jeden kritischen Zusatz und wiederum in der geflissentlich schillernden Färbung gegeben, dass man darin mit ebensoviel Fug des Berichterstatters wie der Ankläger Meinung herauserkennen kann. Stellenweise, z. B. in Beschönigung der du Paty'schen Infamien ist Herr Ballot-Beaupré sogar noch soldatischer gewesen als die Soldaten Roget und Cuignet. Ich vermuthe, dass wir hier Rückstände der ursprünglich gegen die Revision beabsichtigten Konklusionen vor uns haben. Zu unserer Ueberraschung macht aber der Bericht gegen den Schluss plötzlich eine Wendung, zergliedert die Nichtigkeit der vermeintlichen Geständnisse des Dreyfus, prüft die von den Sachverständigen aus Schrift und Papier des Bordereau für Esterhazy's Urheberschaft hergeleiteten Folgerungen, deduzirt hieraus die Schuld, mindestens die starke Verdächtigung des Esterhazy, findet hierin die langgesuchte neue Thatsache „de nature à établir l'innocence du condamné", und begründet solchergestalt den Antrag auf Aufhebung des Urtheils und Zurückverweisung der Sache. — Ueber Picquart, dessen petit bleu und die gegen ihn verübten Niederträchtigkeiten wird vorsichtig absolut geschwiegen. Dafür empfangen in den an solcher Stelle recht deplazirten sonoren Schlussphrasen die der Armee übelgesinnten Revisionsfreunde ihre tadelnde Zensur und „die Armee" selbst die unvermeidliche Huldigung.

Mit dem entsetzlichen Gemeinplatz „son (de l'armée) honneur assurément n'exige pas, qu'on maintienne un innocent en prison" und einigen überflüssigen Versicherungen, nach bestem Wissen und Gewissen die verantwortliche Pflicht erfüllt zu haben, endet der Rapport.

Das darauf folgende Requisitorium des Generalprokurators Manau, das den Rest der Sitzung vom 30. Mai und die ganze Sitzung des 31. Mai ausgefüllt hat, zeichnet sich, juristisch geurtheilt, durch klarere, durchsichtigere Anordnung des Stoffs und kritischere Haltung, entschieden zu seinem Vortheil vor dem Ballot-Beaupré'schen Berichte aus. Manau begeht nicht den Fehler, die gesammte Entscheidung von der doch immer zweifelhaften Frage der Esterhazy-Schuld abhängig zu machen: er stellt scharf die kapitale Bedeutung des Henry'schen Zeugnisses für das erste Kriegsgericht und die Zerstörung der Glaubwürdigkeit Henry's durch die später von ihm in derselben Sache verübten Fälschungen in den Vordergrund. Er analysirt sodann eingehend die Beweiskraft des Bordereau nach Ursprung, Datum, Handschrift, Papierbeschaffenheit, Inhalt und weist überzeugend nach, von wieviel irrigen Voraussetzungen hierbei das erste Kriegsgericht ausgegangen ist, wie zahllose neue Thatsachen in all' diesen Beziehungen ermittelt sind, die Dreyfus positiv entlasten, Esterhazy dagegen als Urheber des Bordereau auf's Dringendste verdächtigen. Das Requisitorium beschäftigt sich demnächst eingehend mit den dossiers secrets, stigmatisirt die zahlreichen positiv falschen und verfälschten Urkunden, die sich darin vorfinden, die Bedeutungslosigkeit der übrig bleibenden echten Urkunden und die befremdliche Methode der Herren Roget und Cuignet, die, wenn sie mit Aufbietung des waghalsigsten Scharfsinns irgend eine Beziehung eines diplomatischen Aktenstücks zu Dreyfus als allenfalls denkbar zusammenkombinirt haben, diese luftige Kombination alsbald als ein klärlich die Schuld des Dreyfus beweisendes Moment behandelt wissen wollen.

Bei diesem Punkte stellt der Generalprokurator Herrn du Paty, seinen längst anrüchigen Charakter, seine notorische Fertigkeit, fremde Handschriften nachzuahmen, sein Zusammengehen mit Henry, und die infame Rolle, die er als Ankläger des Dreyfus, als Vertheidiger des Esterhazy gespielt, rücksichtslos an den Pranger.*) Bei dem sich hieran schliessenden Vergleich des Leumunds von Dreyfus und Esterhazy werden all' die im

*) Die Folge dieser Inkulpationen war, dass man sich am 1. Juni 1899 endlich entschloss, Herrn du Paty dingfest zu machen.

ersten kriegsgerichtlichen Verfahren zum Schaden des ersteren durch Urkundenunterdrückung (Beiseiteschaffung des ersten durchaus günstigen Polizeiberichts), Fabrizirung lügenhafter ungünstiger Polizeirapporte (Guénée) und sonstige falsa (Gonse'sche Registratur über die Schuldüberzeugung in der Familie Dreyfus) verübten verbrecherischen Umtriebe gegeisselt. Endlich erörtert Manau die ausserhalb der unmittelbaren Beweiskraft des Bordereau für die Schuld des Esterhazy ermittelten Thatumstände, die eigenen wechselnden Angaben Esterhazy's, vor allem die vom Untersuchungsrichter Bertulus bezeugte thränenreiche Scene, in der Henry nicht mehr zu leugnen wagte, dass sein Freund, der „Bandit" Esterhazy, das Bordereau verfasst habe, ferner die Legende der Geständnisse gegenüber den jahrelang ununterbrochenen Unschuldsbetheuerungen des Exkapitäns und schliesst gleichfalls mit dem Antrage auf Aufhebung des Urtheils und Zurückverweisung in die Instanz. Das Einzige, was mir in diesem sonst so vortrefflichen Plaidoyer wenig folgerichtig erscheint, ist dieser letzterwähnte, nicht sofortige Freisprechung verlangende Schlussantrag. Esterhazy ist bezüglich des Bordereau rechtskräftig freigesprochen; gegen freisprechende Urtheile ist nach französischem Prozessrecht jedes Wiederaufnahmeverfahren ausgeschlossen, und, wie vom Standpunkte des Generalprokurators doch noch eine abermalige Verurtheilung des Alfred Dreyfus wegen des Bordereau in Aussicht genommen werden kann, entzieht sich dem Verständnisse.

Nachdem solchergestalt Berichterstatter und Generalprokurator drei volle Sitzungstage dafür verwendet hatten, die absolute Haltlosigkeit des Urtheils vom 22. Dezember 1894 darzuthun, blieb für den Vertheidiger Maître Mornard nicht viel Neues mehr zu sagen übrig. In der That habe ich dem fünfstündigen Vortrage, so oratorisch eindrucksvoll besonders die in der französischen forensischen Eloquenz übliche Peroraison (Schlusswendung) für die unmittelbaren Zuhörer gewesen sein mag, keinerlei materielle Gesichtspunkte zu entnehmen vermocht, die nicht schon vorher ihre Würdigung gefunden hätten. Auch er konkludirt, wie er offen erklärte, gegen seine bessere juristische Ueberzeugung, nicht auf sofortige Freisprechung des

Verurtheilten, sondern lediglich auf Zurückverweisung der Sache. Weshalb? Die Familie des Angeklagten lege Werth darauf, dass Alfred Dreyfus von seinen Pairs, seinen militärischen Kameraden, rehabilitirt würde. Ein Beweggrund, in dem französische Eitelkeit und selbstgefälliger Optimismus die vernünftigen Erwägungen einfachen Rechtsgefühls wieder einmal zurückgedrängt haben!

Am 3. Juni 1899 verkündete Präsident Mazeau das Urtheil der vereinigten Kammern des Kassationshofes, durch welches das Urtheil des ersten Pariser Kriegsgerichts „kassirt und annullirt" und die Sache zur anderweiten Verhandlung und Entscheidung an das Kriegsgericht in Rennes zurückverwiesen wird, mit der Weisung, zu erkennen, „ob Dreyfus schuldig ist, im Jahre 1894 sich mit einer fremden Regierung eingelassen zu haben, um dieselbe zu einem Kriege gegen Frankreich zu veranlassen, oder ihr hierfür durch Mittheilung der „notes et documents renfermés dans le bordereau" die Mittel zu verschaffen."*) Nach den verlesenen Gründen der Entscheidung des Kassationshofes stützt sich dieselbe, indem sie die Würdigung ferner vorhandener Revisionsgründe ausdrücklich offen lässt, auf zwei hauptsächliche Erwägungen: 1. es steht fest, dass, gleichviel ob legaler oder illegaler Weise, dem Kriegsgericht das Schriftstück „ce canaille de D." als Beweismittel gegen Dreyfus gedient hat, während jetzt erwiesen ist, dass sich dasselbe nicht auf Dreyfus bezieht, 2. während das die Grundlage der Anschuldigung bildende Bordereau im Jahre 1894 von drei der vernommenen Experten dem Verurtheilten Dreyfus zugeschrieben wurde, liegen jetzt eine Reihe anderweiter Gutachten vor, nach denen die Handschrift und das Papier des Bordereau nicht von Dreyfus, sondern von „einem anderen Offizier", dem Verfasser zweier Briefe vom 17. April 1892 und 17. August 1894 (Esterhazy), herrühren. Diese dem verurtheilenden Kriegsgericht unbekannt gebliebenen Thatsachen „tendent à démontrer", dass das

*) Es handelt sich um den Thatbestand gemeinen Landesverraths im Sinne des § 87 des deutschen Strafgesetzbuchs, dessen Merkmale ich oben unter Beiseitelassung der etwas weitläufigeren Formulirung des Code pénal zusammengefasst habe.

Bordereau nicht von Dreyfus geschrieben ist, sind also dazu angethan, die Unschuld des Verurtheilten zu erweisen, und werden durch die zum Theil unbeglaubigten, anderentheils unglaubhaften und unwahren Angaben über irgend welche von Dreyfus nach seiner Verurtheilung abgelegten „Geständnisse“ in keiner Weise erschüttert. Weshalb der Kassationshof, der im Uebrigen einmüthig, mit allen 47 Stimmen, ohne jeden Dissens, für die Revision gewesen sein soll, nicht sofort auf Freisprechung erkannt hat, wird in den Urtheilsgründen nur mit der formellen Phrase erklärt, nach Maasgabe des Artikel 445 in der Fassung des Gesetzes vom 1. März 1899 (dem sog. Dessaisirungsgesetz) „il doit être procédé à de nouveaux débats oraux“, d. h. es läge Anlass für eine neue mündliche Verhandlung vor.

Mit dieser Unbestimmtheit der für die Zurückverweisung maassgebend gewesenen Gründe hängt es zusammen, dass seitdem in der französischen und deutschen Presse sehr viel unklare Ansichten über die Befugnisse des neuen Kriegsgerichts zu Tage gefördert worden sind. Man hat behauptet, das letztere müsse nunmehr in pflichtmässiger Befolgung des Revisionsurtheils Dreyfus freisprechen. Das ist positiv falsch. Das neue Kriegsgericht ist nur in dreifacher Beziehung vinkulirt. Zum ersten ist es gebunden, die Schuldfrage ausschliesslich von der erwiesenen oder nicht erwiesenen Mittheilung der fünf im Bordereau einzeln aufgeführten Urkunden abhängig zu machen, darf also nicht, wie dies das erste Kriegsgericht gethan, anderweite Anschuldigungspunkte (Mittheilung von Plänen der Festung Nizza, des Obus Robin etc.) in das Verfahren hineinziehen. Zum zweiten scheidet das Schriftstück „ce canaille de D.“ aus den Beweismitteln aus. Und zum dritten ist das neue Kriegsgericht verpflichtet, die aus Handschrift und Papierbeschaffenheit des Bordereau gegen Esterhazy sprechenden Verdachtsgründe der Beweiswürdigung mit zu Grunde zu legen. Wenn aber beispielsweise das neu erkennende Gericht, etwa nach Anleitung der von Cavaignac und Roget beliebten Deduktionen, zu der Ueberzeugung gelangte, gleichviel, wessen Hand das Bordereau geschrieben, die darin bezeichneten Urkunden könnten ihrer inneren und äusseren Qualität nach nur von Dreyfus verrathen worden sein, so ist es durch das Revisionsurtheil — die im Bericht darüber vorgetragenen Ansichten des Referenten sind gleichgültig — unbehindert, Dreyfus von neuem zu verurtheilen. Und da das kriegsgerichtliche Urtheil wiederum ein Verdikt ohne alle Gründe sein wird, wird sich auch niemals nachprüfen lassen, woraufhin verurtheilt oder freigesprochen worden ist. Das ist auf dem Boden des Revisionsurtheils die zweifellose formelle Prozesslage. Materiell wird die künftige Entscheidung wesentlich davon abhängen, welcher, wie qualifizirte Offizier dem Kriegsgericht vorsitzen, und welchen Offizier die Regierung als ihren Kommissar zum Ankläger bestellen wird. Im Interesse des Rechtes und der Gerechtigkeit, wie im Interesse Frankreichs darf man hoffen, dass in Rennes die Vernunft und das Gewissen der sieben zur Entscheidung berufenen Offiziere mächtiger sein werden, als die Versuchungen eines vollkommen irregeleiteten militärischen Ehrgefühls, die in dieser unseligen „Affaire“ der französischen Nation schon so unsäglichen Schaden zugefügt haben! Eine neue Verurtheilung des Alfred Dreyfus, das wäre das schlimmste Unheil, das der ärgste Feind Frankreichs gegen das schwergeprüfte Land auszusinnen im Stande sein könnte!

Zweiter Abschnitt.

Der Prozess Dreyfus als politische Affaire. Die Armee, der Antisemitismus, die Presse Frankreichs.

Die „Affaire Dreyfus“ hat seit nunmehr über zwei Jahren ganz Frankreich in Athem und leidenschaftlichster Erregung erhalten. Während noch die Castelin'sche, gegen die erste Lazare'sche Publikation gerichtete Interpellation und diese Publikation selbst (November 1896) ziemlich spurlos an der öffentlichen Meinung vorübergingen, begann mit Scheurer-Kestner's Auftreten und der gegen Esterhazy erhobenen Anklage des Mathieu Dreyfus (Herbst 1897) die Bewegung für und wider Alfred Dreyfus breitere und breitere Wellen zu schlagen. Der Prozess Zola (Februar 1898) zeigt sie auf ihrer Höhe, auf der sie sich dann Jahr und Tag erhalten hat. Von da ab, kann man behaupten, war das französische Volk in zwei feindliche Heerlager gespalten, die sich auf der Strasse mit Knüppeln, im Parlament mit Intriguen, in der Presse mit den gehässigsten Mitteln der Lüge, der Verleumdung, der Fälschung auf's Blut bekämpften, die nicht mehr dieselbe Sprache sprachen, einen gänzlich verschiedenen sittlichen Maassstab der Ehre, der Wahrhaftigkeit und Gerechtigkeit unter sich und gegen einander in Uebung brachten. Wer von der Schuld des Exkapitäns nicht völlig überzeugt war, galt die längste Zeit der grossen französischen Masse als ein feiler, vom kapitalkräftigen Dreyfus-Syndikat gekaufter Schuft, mindestens als ein vaterlandsloser, dem Ausland dienender Geselle, ein geschworener Feind der französischen Armee. Die ursprünglich an Zahl recht spärlich gesäten und immer in der Minorität verbliebenen Dreyfusfreunde waren nicht minder überzeugt, dass ihre Gegner, sammt und sonders servile Knechte des „Syndikats der rue Dominique“ (Kriegsministerium und Generalstab), alte Anhänger der „Boulange“, oder der sonst auf Sturz der Republik abzielenden cäsaristisch-monarchischen Machenschaften und sämmtlich gegen besseres Wissen den unschuldigen Dreyfus auf der Teufelsinsel festzuhalten entschlossen seien. Hier ein verrätherisches Komplott von Juden, Freimaurern und Protestanten zum Ruin Frankreichs, dort eine ekelhafte Koalition des „Säbels und Weihwasserwedels“ (sabre et goupillon), von Pfaffen und Soldaten zum Verderben der republikanischen Institutionen ausersonnen.

Alsbald wuchsen die „Liguen“, in Frankreich stets ein ominöses Anzeichen anarchistischer Zustände, pilzartig aus dem Boden. Déroulède erschien wieder auf dem Plan mit seiner nach dem Zusammenbruch des Boulangismus aufgelösten Patriotenliga. Unter den Auspicien des früheren Justizministers Trarieux trat die ein wenig freimauerisch angehauchte, dreyfusfreundliche „Ligue des droits de l'homme“ in's Leben. Diesen „Intellektuellen“ und „Jakobinern“ entgegen gründete der längst im klerikalen Fahrwasser segelnde Herr Ferdinand Brunetière, der bekannte Herausgeber der „Revue des deux Mondes“, mit seinen ebenso klerikal gesinnten beiden akademischen Freunden, dem Dichter François Coppée und dem Schriftsteller Jules Lemâitre, die Ligue de la Patrie Française. Was irgend der Revision des Dreyfus-Verfahrens und der Kriminalkammer des Kassationshofs feindlich gesinnt war, Monarchisten, Klerikale, Leute vom Schlage der Cavaignac und Beaurepaire, strömten diesem vergrösserten Ableger der alten Patriotenliga zu. Dass das ganze Völkchen von hinter den Koulissen versteckten klügeren Händen am Draht geleitet wurde, blieb solchen politischen Gimpeln, wie es mindestens Coppée und Lemâitre notorisch waren, verborgen. Die „Association de la défense nationale“ und die „Ligue antisémitique“ Drumont-Rochefort'schen Geblüts gehörten natürlich mit Haut und Haar gänzlich dem Lager der Dreyfus-Gegner an. Die von einigen unabhängigen Gelehrten, Schriftstellern, Akademikern der Brunetière'schen Patriotenliga entgegengesetzte Liga „de l'Union“ vermochte kaum über die Bedeutung einer schwächlichen

Demonstration hinauszukommen*). Immerhin aber trug der Krieg all' dieser ausschliesslich von der „Affaire“ lebenden Liguen das seinige dazu bei, die schlammige Fluth von giftigen Verwesungsstoffen, die sich, die letzten Reste von Wahrhaftigkeit und Gerechtigkeit erstickend, über den Boden Frankreichs daherwälzte, zu verbreitern und zu vertiefen. Einstmals war wohl die Phrase im Schwange gewesen, Frankreich bewege sich auf einem Vulkan: jetzt konnte die Pointe dahin umgewendet werden, die französische Nation wandele auf einer mit faulen Brettern überdeckten — Kloake!

Wie ist es möglich, fragt sich ein nüchterner Beobachter, dass ein kluges, geistvolles, den edelsten Instinkten allezeit zugängliches Volk in solch' unerhörter Weise solch' entsetzlicher Heimsuchung unterliegen konnte, nur, weil im Dezember 1894 einmal sieben französische Offiziere zu Ungunsten eines vor ihnen angeklagten Artilleriehauptmanns ein mehr oder weniger anfechtbares Urtheil gefällt haben? Worauf anders ruhen denn die allen Kulturvölkern bekannten Rechtsmittel der Appellation, Revision, Wiederaufnahme des Verfahrens, als auf der gemeinen Erfahrung, die so alt ist, wie das Menschengeschlecht, dass menschliche Irrthümer zu den unvermeidlichen normalen Gebrechen jeglicher irdischen Strafgerechtigkeit gehören? Sind es nicht Zufälle willkürlich bald so, bald so geregelter prozessualer Ordnungen, ob einem zu Unrecht verurtheilten Angeklagten das Rechtsmittel der Berufung mit erneuter Prüfung der ganzen Schuldfrage, oder nur der rein formale Rechtsbehelf eines Rekurses zusteht, wie dies bei Dreyfus der Fall war, ob er innerhalb der kurzen gesetzlichen Fristen von seinen ordentlichen Rechtsmitteln Gebrauch zu machen im Stande ist, oder ob er die Fristen verabsäumt, das Urtheil rechtskräftig werden lässt und er nun-

*) Erst nach Loubet's Wahl zum Präsidenten und dem Déroulède'schen Strassenputsch (Februar 1899) fiel es dem Minister Dupuy plötzlich ein, dass der Art. 291 des Code pénal politische Vereine von mehr als 20 Mitgliedern schlechthin verbiete, dass die Liguen daher sämmtlich strafgerichtlich verfolgt und aufgelöst werden müssten. Also wurden Polizei und Gerichte gegen sie in Bewegung gesetzt, einige willkürlich herausgegriffene Mitglieder der Liguen peinlich angeklagt und auch richtig zu je 16 Francs Geldstrafe verurtheilt!

mehr auf das schon schwierigere ausserordentliche Rechtsmittel der Wiederaufnahme des Verfahrens angewiesen bleibt? Welche nationalen Interessen Frankreichs konnten dadurch im geringsten berührt werden, wenn etwa schon im Jahre 1896 oder 1897 ein anderes französisches Kriegsgericht nach erneuter Schriftvergleichung erklärt hätte, es erachte den Schuldbeweis gegen Alfred Dreyfus nicht mehr für ausreichend, Esterhazy sei der Urheberschaft am Bordereau mindestens ebenso verdächtig, wie Dreyfus, die übrigen gegen den letzteren ermittelten Indizien erschienen gleichfalls ohne rechte Beweiskraft, deshalb sei das frühere Urtheil vom 22. Dezember 1894 nicht mehr haltbar und werde Dreyfus freigesprochen? Und welche Kämpfe, welche langwierigen, die Macht und das Ansehen der Nation schwer schädigenden Krisen wären Frankreich erspart geblieben, hätte zu rechter Zeit ein energischer Staatsmann sich gefunden, hinreichend für die Sache interessirt, um ihre Schwächen und Gefahren zu durchschauen, und kräftig genug, um ihr sofort ein kurzes legales Ende zu bereiten! Dass der rechte Mann zur rechten Zeit an der rechten Stelle fehlte, war Frankreichs Unglück. Frankreich hatte seit mehr als einem Jahrzehnt weder einen Staatsmann, noch eine Regierung. So geschah es, dass, was ursprünglich eine unerhebliche, leicht zu beseitigende Entzündung der äusseren Epidermis war, sich allmählich zu einem krebsartigen, weiter und weiter fressenden, das Blut des Volkskörpers vergiftenden Geschwür ausbildete.

Will man die Dreyfusaffaire in ihrer politischen Bedeutung einigermaassen gerecht beurtheilen, muss man die allgemeine Lage der inneren politischen Verhältnisse des Landes, die Bedeutung der Armee für die internationale Machtstellung Frankreichs, den Antisemitismus und endlich den verderblichen Einfluss einer zügellosen, demagogisch verwilderten Presse als die hauptsächlichsten Elemente des sumpfigen Bodens, aus dem die „Affaire" herausgewachsen ist, im Auge behalten.

Die republikanische Verfassung Wallot's hatte Frankreich mit einem schlechthin machtlosen, alle sieben Jahre durch das Parlament wählbaren Präsidenten, einer allmächtigen, auf dem allgemeinen Stimmrecht ruhenden Deputirtenkammer, und, als gänzlich von dieser Kammer abhängigen Gouvernement, einem von seinem Präsidenten souverän beherrschten Ministerium beschenkt. Dieser Président du conseil ist, solange er eben regiert, der eigentliche Herrscher Frankreichs. Der Ehrgeiz der parlamentarischen Gewerbspolitiker und die habituelle Launenhaftigkeit jeglicher Demokratie sorgen dafür, dass solche Regierung niemals allzulange währt. Man hat sich daran gewöhnt, die durchschnittliche Lebensdauer eines französischen republikanischen Ministeriums auf etwa ein halbes Jahr zu berechnen. Dauert es ausnahmsweise einmal länger, wie z. B. beim Ministerium Méline, so wundert man sich über das Phänomen. Seit 1871 haben von den sechs Vorgängern Loubets als Präsidenten der Republik vier (Thiers, Mac Mahon, Grévy und Casimir-Perier) freiwillig — Perier nach wenig Monaten unter lauter Bekundung seines Ekels vor der ihm zugemutheten Position — ihr Amt niedergelegt, die beiden anderen (Carnot und Felix Faure) sind vor Ablauf ihrer Amtsperiode natürlichen und unnatürlichen Todes gestorben. Ein so unstetes, zerfahrenes, durch und durch verderbtes republikanisches Regime konnte selbst in einer so cohärenten Nation, wie es die französische ist, seine Tage doch nur deshalb hinfristen, weil weder unter den Generalen der französischen Armee, noch in den Familien der Orléans und Bonapartes ein Mann aufzutreiben war, der den Beruf und die Kraft in sich fühlte, Frankreich einen monarchischen oder cäsarischen Herrscher zurückzugeben.

Wie stark das nationale Bedürfniss auf einen Staatsstreich nach dem Vorbilde des 18. Brumaire und 2. Dezember hindrängte, hat Boulanger's Abenteuer zur Genüge erwiesen. Ein eitler, unbegabter, aber hübsch aussehender und auf schwarzem Ross durch die Strassen von Paris daher courbettirender General konnte populär genug werden und hinreichende Anziehungskraft auf alle antirepublikanischen Faktionen ausüben, um in der geträumten Rolle eines Cromwell oder Bonaparte Frankreich hart an die Grenze eines Staatsstreichs zu treiben. Dass das Abenteuer im letzten Augenblick scheiterte, war des damaligen Ministers Constans Verdienst, gegen dessen republikanische Energie die klägliche Inferiorität des Generals versagte.

Indessen wesentlich gekräftigt war das republikanische Regiment auch aus der Boulange nicht hervorgegangen. Das Land ächzte und stöhnte weiter unter der fortschreitenden Korruption des Parlamentarismus, der von den ehrenwerthen Deputirten betriebenen gewinnbringenden Patronage des Stellenschachers und ihrer Käuflichkeit. Der Panamaskandal enthüllte vor aller Welt, in welchem entsetzlichen Umfange die Bestechlichkeit der Parlamentarier, von den Ministern an bis zu den namenlosesten Nummern parlamentarischer Stimmen, von einem kapitalistischen Unternehmerthum ausgebeutet werden durfte. Wen will es Wunder nehmen, dass unter solchen politischen Bedrängnissen sich in den breiten Schichten aller ihr Vaterland leidenschaftlich liebender und aller von der Politik angeekelter anständigen Franzosen sich ein übertriebener, allmählich fanatischer, zuletzt unzurechnungsfähiger Kultus für „die Armee“ entwickelte? Ungeheure Opfer waren seit dem letzten Kriege für ihre Wiederherstellung, ihre Ausrüstung, ihre Vergrösserung gebracht worden. Sie allein war der letzte Hort, der die Einheit der Nation im Innern, ihre Unabhängigkeit nach Aussen sicherte. Auf ihrem Bestande ruhte Alles, was der Franzose von der Revanche gegen Deutschland, von den Früchten der russischen Alliance, von künftiger nationaler Macht und Grösse ersehnte. Die Armee in ihrer geschlossenen Hierarchie galt als noch unberührt von dem Schmutz der politischen Laster, unerreichbar für die Versuchungen des Mammons, unabhängig von dem widerwärtigen Marionettenspiel der parlamentarischen Schaubühne und ihrer wechselnden Ministerien. Wer sie anzutasten wagte, hatte die Vermuthung von vornherein gegen sich, dass er ein Kommunard oder internationaler Anarchist, ein internationaler Jude oder Kapitalist, in jedem Falle ein Feind Frankreichs sei. Diese starke Volksstimmung und ihre unvermeidliche Rückwirkung auf das Selbstbewusstsein des französischen Offizierkorps machen es allein erklärlich, dass schon der erste kritische Angriff gegen das kriegsgerichtliche Urtheil vom 22. Dezember 1894 sowohl die chauvinistisch - patriotischen wie die spezifisch militärischen Schichten der Nation in Wuth versetzte. Es ist Thorheit, im geringsten daran zu zweifeln, dass man mindestens in den oberen

Kreisen des Kriegsministeriums und Generalstabs während der ersten Jahre der Dreyfus-Kampagne (1896, 1897) noch von der Schuld des Dreyfus überzeugt war, und hinter den ersten, auf die äussere Schwäche des Ueberführungsbeweises gestützten Angriffen lediglich eine verhüllte Agitation der geschworenen Armeefeinde gegen die militärischen Institutionen Frankreichs witterte. Da in der That ein Theil der Sozialisten unter der Führung des rede- und schreibgewandten Jaurès die Dreyfussache schon früh zu der ihrigen gemacht, hatte das militärische Vorurtheil immerhin scheinbaren Grund. Der Prozess Zola und Boisdeffre's oben wiedergegebene Harangue an die Geschworenen zeigte die militärisch-chauvinistische Strömung der Nation voll entwickelt. In jenen Tagen auch hatten die Drumont, Rochefort etc. es landläufig gemacht, vom „Dreyfus-Syndikat“ verächtlich zu reden, alle zu Gunsten des Dreyfus auftretenden Männer als aus den reichen Mitteln der jüdischen Familienclique bezahlte Leute zu stigmatisiren. Weder Picquart, noch Scheurer-Kestner, noch Zola entging der Brandmarkung. Das Schimpfwort „Dreyfusard“ löste das Schimpfwort „Prussien“ in den französischen Parteikämpfen ab.

Insoweit lassen sich auf dem einmal gegebenen französisch-nationalen Boden diese Dinge allenfalls verstehen. Bedenklicher schon wird ihr Aussehen, sowie man die immer deutlicher werdenden Beeinflussungen der oberen Armeeverwaltung durch die in ihr thätigen subalternen Organe und durch die von den letzteren inspirirte Presse ins Auge fasst. Heute ist es gewiss, dass die Leute vom Schlage der Henry, du Paty, Esterhazy und Genossen, die von Anbeginn ihre Hand tief in dem ersten Dreyfus-Prozess stecken hatten, ihre militärischen Vorgesetzten im Kriegsministerium und Generalstabe sowohl unmittelbar durch von ihnen fabrizirte Geheimakten, wie mittelbar durch die von ihnen abhängigen Zeitungen fortgesetzt weiter und weiter in eine verblendete Gegnerschaft gegen jede Antastung des Dreyfus-Urtheils hineingezerrt haben. Schon bei den Generalen Gonse und Roget wird man angesichts ihrer Auslassungen vor dem Kassationshofe zweifelhaft, wo die Befangenheit aufhört und böser Wille vorwaltet. Der anfangs vorhanden gewesene gute Glaube und das gute Gewissen, eine gerechte Sache zu vertheidigen, schwanden offenbar zusehends. Gescheidte Franzosen fanden bald keinen Anstand mehr, den haarsträubenden Satz zu vertreten, auch wenn Dreyfus unschuldig verurtheilt wäre, sei es besser, er bliebe auf seiner Teufelsinsel, als dass die Revision des Urtheils die Ehre der Armee und damit die Sicherheit des Landes gefährde. Für den Gebrauch der grossen, solchen Gesichtspunkten etwa nicht zugänglichen Menge wurden zur Bekräftigung der angeblich absolut zweifellosen Dreyfus-Schuld in der Generalstabspresse die groteskesten Lügen über die Einzelheiten des von Dreyfus verübten Verraths und die verfälschten Urkunden als angebliche aktenmässige Beweisstücke des Prozesses in Umlauf gesetzt. Die unter Billigung oder doch Mitwissen der Chefs der Armee von du Paty und Genossen betriebenen Kollusionen mit dem des Landesverraths beschuldigten Esterhazy sind bereits erwähnt. Der persönliche Adjutant des Generalstabs-Chefs Boisdeffre, Kommandant Pauffin du Saint Morel, entblödete sich nicht, seinem Freunde Rochefort zur Nutzbarmachung im „Intransigeant“ die sensationelle Mittheilung zu machen, man besitze im Generalstabe unter den erdrückendsten urkundlichen Beweisen sogar eigenhändige Briefe Kaiser Wilhelm II. an Dreyfus. Damit im Zusammenhange stand die von derselben Seite wiederholt ausgestreute Alarmnachricht, eine fernere gerichtliche Untersuchung der Dreyfus-Schuld werde Frankreich unfehlbar in einen Krieg mit dem Dreibunde verwickeln. Im Interesse dieser anrüchigen militärischen Koterie war endlich auch die perverse Methode in Schwung gebracht worden, jeden Angriff gegen irgend eine in militärischer Charge zu Ungunsten des Dreyfus thätige Person als einen ruchlosen Angriff gegen „die Armee“ dem Hass und der Verachtung der Nation auszusetzen. Das thaten dieselben Leute, die jegliche zu Gunsten einer Revision des Dreyfus-Prozesses thätige oder auch nur derartiger Begünstigung verdächtige Militärperson, gleichviel ob der Oberst Picquart, der Oberst Hartmann, der General Gallifet oder die Kriegsminister Generale Zurlinden und Chanoine — so lange diese beiden zu Gunsten der Revision noch mit Brisson gingen — alsbald mit Koth bewarfen!

Vollends unbegreiflich und unverantwortlich aber wurde die Haltung der französischen Armeechefs und ihrer Freunde, als der faux Henry ans Tageslicht kam. Jetzt war der letzte Augenblick für sie gekommen, sich mit Ehre und Anstand aus der Affaire zurückzuziehen. Es gehörte nur eine geringe Dosis von Loyalität und stolzem Selbstgefühl dazu, etwa zu erklären: nun wohl, wir sind durch Fälschungen getäuscht worden und haben Andere, haben das ganze Land durch die Affichirung des Henry'schen Fabrikats in die Irre geführt; Henry's Integrität und sein Bordereau waren bisher für uns so sehr die starken Stützen unserer Ueberzeugung von der Gerechtigkeit des Dreyfus-Urtheils, dass mit dem Zusammenbrechen derselben auch unsererseits der Revision des Urtheils nichts mehr in den Weg gelegt werden kann. Also — allons-y — revidiren wir! Im ersten Augenblicke der Bestürzung (1. September 1898) erklärten in der That auch zahlreiche, bisher revisionsfeindliche Organe der Militärpartei („Eclair", „Petit Journal", „Gaulois", „Autorité") die Revision des Dreyfusprozesses nunmehr für unvermeidlich. Sehr bald aber wendete sich das Blatt. Mit einer idiotenhaften Verblendung ohnegleichen erklärte zunächst der Kriegsminister Cavaignac, dann sein Nachfolger Chanoine, alsbald die gesammte Armeeführung auf der ganzen Linie, der faux Henry sei kein Beweisstück des Dreyfus-Prozesses gewesen, folglich formell wie materiell bedeutungslos, die Schuld des Dreyfus stände durch sein Geständniss an Lebrun-Renault, durch geheime Aktenstücke im „dossier secret" und „ultra secret" unerschütterlich fest, jeder Versuch einer Revision des Urtheils sei nach wie vor ein ruchloses Attentat gegen die Nation und die Armee. Nur Boisdeffre verliess den von ihm kompromittirten Generalstab. Wie war derartiges möglich?

Cavaignac ist eine enge Gelehrtennatur, pedantisch, unpraktisch, halsstarrig in einmal gefassten Meinungen und als militärwissenschaftlich thätiger Zivilist militärischen Influenzen besonders unterthan. Er stand in der Frage völlig unter dem Einfluss seines Kabinetschefs, des Generals Roget, der nach dem Prozesse Zola ein paar freie Monate dem gründlichen Studium der Dreyfus-Akten in ihrer fragwürdigen Beschaffenheit vom Anfange des Jahres 1898 gewidmet, sich daraufhin tendenziös eine dogmatisch feste Ueberzeugung von der Dreyfus-Schuld gebildet, nebenbei aber auch als kluger Streber seine Berufung zum Kabinetschef der Kriegsminister Cavaignac, Zurlinden, Chanoine und seine weitere militärische Karriere gesichert hatte. Die Kriminalkammer des Kassationshofs hat über drei volle Sitzungstage nöthig gehabt, die ausführlichen Plaidoyers der Herren Cavaignac und Roget gegen Dreyfus geduldig anzuhören, — nach den inzwischen veröffentlichten Protokollen der Enquête eine harte Zumuthung für jeden halbwegs kriminalistisch geschulten Kopf. Allerlei wohlfeile Nörgeleien an der Schriftvergleichung des Bordereau, soweit dieselbe Dreyfus günstig ausgefallen war, endlose mit einer Unmasse militärisch-technischer Einzelheiten ausgefüllte Deduktionen des nach der militärischen Charge beider Personen selbstverständlichen Faktes, dass die im Bordereau genannten Schriftstücke und Nachrichten leichter, oder doch unmittelbarer von Dreyfus, als von Esterhazy — falls dieser nicht mit Henry für gemeinsame Rechnung arbeitete, — erlangt werden konnten, ein absolut kritikloses Breittreten der vermeintlichen „Geständnisse“ des Alfred Dreyfus, die frivolsten Unterstellungen der vermuthlichen Motive, aus denen Dreyfus den Verrath begangen, und endlich ein ebenso willkürliches Deuten, wie unkontrolirbares Ausbeuten von später aufgefangenen, in den dossiers secrets verborgenen diplomatischen Korrespondenzen, das ist der dürftige Kern dieser „unerschütterlichen Ueberzeugungen“. Der faux Henry ist dann natürlich ein ganz gleichgültiger Vorgang; wahrscheinlich sei der ehrliche Henry im Besitz eines echten gleichlautenden Briefes oder in Kenntniss gleichlautender mündlicher Unterhaltungen der beiden Militärbevollmächtigten gewesen, Renseignements, die er aus diplomatischen Rücksichten nicht habe anders verwerthen wollen (!!). Und, was die Esterhazy'sche Handschrift des Bordereau anlangt, so erklärten die Herren anstandslos, dass, selbst Esterhazy's Verfasserschaft als erwiesen vorausgesetzt, Esterhazy trotzdem materiell nicht der traître sein könne: folglich bleibe die Schuld des Dreyfus auch nach dieser Seite hin unangetastet (!!!). Derartiger Unsinn, mit pedantischem Ernst vorgetragen, hat nur noch ein psychiatrisches Interesse. Insofern mag es vom Gesichtspunkte der Unzurechnungsfähigkeit im logischen Denken billig sein, etwas guten Glauben bei Cavaignac, Roget, den Major Cuignet und ihren Genossen als fortdauernd möglich zuzugeben.

Dagegen muss man unvermeidlich an dem letzten Rest von Ehrlichkeit bei all' denjenigen Organen des Generalstabs irre werden, die ihre Hand unmittelbar mit dem Dreyfus-Prozess in Berührung gebracht hatten, und jetzt mittelbar die wechselnden Kriegsminister sich politisch botmässig machten: den Gonse, Pellieux, du Paty, Gribelin, Lauth, und dem übrigen persönlichen Anhang Henry's. Sie mussten sich bewusst sein, dass der unlauteren und verbrecherischen Mittel unter ihrer stillen Duldung oder thätigen Mitwirkung denn doch zu viele in Bewegung gesetzt worden waren, um deren Aufdeckung in einem zivilgerichtlichen Revisionsverfahren nicht ängstlich zu scheuen. Sie hatten mit ihren Dossiers, der Beiseiteschaffung ihnen unbequemer Urkunden, der Anhäufung theils offensichtlich falscher, theils absolut unbeglaubigter, theils gänzlich werthloser Dokumente des Spionage-Ursprungs zu lange und zu arg gewirthschaftet, um vor der Veröffentlichung dieses Materials nicht zurückzubeben. Ob endlich, wie von der Dreyfuspartei wiederholt behauptet wurde, daneben nicht auch lästige Rückerinnerungen an eine, sei es leichtfertige, sei es verbrecherische Verwendung der reichen für Spionagezwecke bestimmten Geheimfonds des französischen Kriegsministeriums, und der Gedanke, solche Vergeudung belegen zu müssen, die fanatische Gegnerschaft gegen die Revision mit verstärkt haben, wer will das heute entscheiden? Jedenfalls war es das Werk dieser militärischen Koterien, dass der Kampf gegen die neu entfachte Revisionsbewegung trotz Henry's Selbstmord alsbald erbittert fortgesetzt, das revisionsfreundliche Ministerium Brisson gestürzt und die mit der Revision befasste Kriminalkammer des Kassationshofs in jeder denkbaren Weise misshandelt wurde. Als Ende 1898 der frühere Kriegsminister Mercier beim Ausscheiden aus dem aktiven Dienst gefeiert wurde, apostrophirte ihn der revisionsfeindliche alte Bonapartist Cassagnac in seiner „Autorité“ etwa folgendermaassen:

Ihr Generale, Mercier und Nachfolger, Ihr habt durch den Dreyfushandel, die kopflose Einleitung und die hirnverbrannte Verfolgung desselben, der französischen Armee, ihrem Ansehen in der Welt, dem Glauben an ihre Intelligenz und ihre Ehrenhaftigkeit mehr unersetzlichen Schaden zugefügt, als hättet Ihr Frankreich noch einmal in die Niederlagen des letzten Krieges gestürzt!

Mit dem chauvinistischen Kultus der Armee quand même und der bornirten militärischen Verbissenheit in die Dreyfus-Schuld quand même im engsten Zusammenhange steht der französische Antisemitismus. Ob Alfred Dreyfus verurtheilt worden wäre, wäre er kein Jude, sondern der Angehörige einer alten klerikalen Adelsfamilie gewesen, mag zweifelhaft sein. Dass der Streit über die Revision des Urtheils sich niemals weder extensiv noch intensiv zu der ungeheuerlichen Grösse hätte auswachsen können, die er thatsächlich gehabt hat, hätte es sich um einen beliebigen Offizier christlicher Konfession gehandelt, ist gewiss.

Als Eduard Drumont, irre ich nicht, im Jahre 1886 sein „La France Juive“, ein zweibändiges Pamphlet gegen die jüdische haute finance der Rothschild's, veröffentlichte, machte die neue litterarische Erscheinung wohl Sensation, fand aber anfangs nur geringen Widerhall in den breiten Volksschichten. Als er im Jahre 1896 sein „De l'Or, de la Boue, du Sang“ erscheinen liess, war „la France Juive“ bei der 133. Auflage angelangt. Drumont ist ein Schriftsteller nicht ohne Geist, Anmuth, und Verve — Alphons Daudet hat ihn noch über seinen persönlichen Freund Zola hinaus geliebt und verehrt, — nur, sobald er den gelben Lappen des Judenthums wittert, ein verrückter Fanatiker. Er hat seiner „France Juive“ noch eine ganze Reihe ähnlicher antisemitischer Schriften mit steigender populärer Wirkung folgen lassen, sich (1892) in der „Libre Parole“ sein eigenes journalistisches Organ gegründet und allmählich Schule gemacht. Seiner antisemitischen Propaganda kam die Thatsache zu statten, dass eine zunehmende Einwanderung jüdischer Elemente theils aus dem Osten (Elsass, Baden, die Rheinlande), theils aus Algier und Tunis, ihr anscheinend stärkeres Eindringen in die Armee, die Verwaltung, die Industrie während des antiklerikalen („atheistischen“) republikanischen Regiments die überall latenten Gegensätze der Rasse, des Glaubens, des sozial-ökonomischen Wettbewerbs auch in Frankreich steigerten. Der Präfekt jüdischer Extraktion und der politisch einflussreiche jüdische Bankbaron wurden nach und nach im modernsten Pariser Roman beliebte Figuren. Vergessen wir nicht, dass in dem Panamaskandal, der dem französischen Volke $1^1/_2$ Milliarden Kapitalsverlust gekostet und ein Jahrzehnt lang alle Schichten der Nation, vom Parlament bis zur kleinsten Kommune herunter, aufs leidenschaftlichste erregt hat, die Hauptschuldigen — Baron Reinach, Cornelius Hertz, Aaron, genannt Arton — Juden waren.

Aus dem ebenso finanziellen, wie politischen Panamakrach hat der französische Antisemitismus die üppigste Nahrung gezogen. Alle antirepublikanischen Tendenzen orleanistischen, bonapartistischen, boulangistischen, klerikalen Gepräges färbten sich an Drumont's Richtung ab. Dass der katholische Klerikalismus, der in dem modernen Frankreich wieder ausserordentlich mächtig geworden ist, im Antisemitismus einen starken Faktor der Bewegung abgab, konnte man aus den „Juden, Freimaurer und Protestanten“ gleichmässig verdammenden Invektiven der antisemitischen Presse vernehmlich genug heraushören. — In der Armee, in der sowohl die antirepublikanischen, wie die klerikalen Elemente ohnehin stark vertreten waren, kam noch ein besonderes Berufsinteresse dazu, einen spezifisch militärischen Antisemitismus in's Kraut schiessen zu lassen. Gerade in den Spezialwaffen, der Artillerie, dem Genie, dem Generalstabe, wuchs die Zahl jüdischer Offiziere: ehrgeizige, intelligente Leute, mit Geldmitteln reichlich versehen, dafür wohl nicht immer mit der erforderlichen Zurückhaltung, dem nöthigen Taktgefühl und entsprechenden Lebensformen ausgestattet. Dieses vordringliche jüdische Streberthum in Uniform bildete für den französischen Durchschnittsoffizier in der Provinz, wie in Paris, einen Gegenstand steigenden Unmuths. Dass Alfred Dreyfus schon vor dem Erscheinen des Bordereau in den Kreisen der Generalstabsoffiziere keine beliebte Persönlichkeit war, steht zur Genüge fest; behauptet wurde nachträglich, dass er durch die petulante Art, sich in alle möglichen militärischen Dinge einzumischen und sich darüber zu unterrichten, die Abneigung von Vorgesetzten und Kameraden hervorgerufen hat. Man vergegenwärtige sich, wie aberwitzig die habituelle Furcht vor Spionen die Franzosen beherrscht und wie rasch sie stets bei der Hand sind, über Verrath und Verräther zu schreien: es hätte wunderbar zugehen müssen, wenn die antisemitischen Hetzereien Drumont's jene nationalen Schwächen nicht auszubeuten verstanden hätten. Schon im Jahre 1892 (23. Mai) erklärte die „Libre Parole“ kategorisch: „jeder Soldat muss in dem Juden den Spion erkennen, der die Geheimnisse unserer Nationalvertheidigung verschachert.“ Und die „Libre Parole“ Drumont's empfing unmittelbar aus dem Generalstabe ihre Inspirationen, war am frühesten von der Verhaftung des Dreyfus unterrichtet, wurde fortgesetzt über den Gang der Sache im Laufenden erhalten, wurde von du Paty, Henry und Genossen in diabolischer Weise methodisch dazu benutzt, dem Kriegsminister jede Neigung der Abstandnahme von weiterer Verfolgung angesichts der öffentlichen Meinung zu verderben. Diese Meute wollte die einmalige ergriffene semitische Beute unter allen Umständen nicht wieder fahren lassen. Noch ehe von der Verhaftung des Dreyfus (15. Oktober 1894) ein Wort in die Oeffentlichkeit gelangt war, ehe irgend ein anderes Pariser Blatt auch nur eine Andeutung des Vorgangs enthielt, durfte die „Libre Parole“ vom 1. November 1894 auf Grund ihr direkt durch einen Brief Henry's vom 29. Oktober zugegangener Informationen*) ihren Lesern die frohe Botschaft melden:

„Der wegen Verraths verhaftete französische Offizier gehört dem Grossen Generalstabe an . . . Die Sache wird unterdrückt werden, da der Offizier Jude ist. Sucht unter den D r e y f u s, Meier oder Levy, Ihr werdet ihn finden. Seit 14 Tagen in Haft hat er alles gestanden. Der absolute Beweis liegt vor, dass er unsere Geheimnisse an Deutschland verrathen hat. Er befindet sich im Cherche Midi, aber nicht unter wahrem Namen; denn man will ihm zur Flucht nach Mül-

*) Es sind nachträglich Zweifel entstanden, ob der dem Redakteur Papillaud zugegangene, „Henry“ unterschriebene Brief vom 29. Oktober 1894, nicht von du Paty herrührt.

hausen verhelfen, wo seine Familie zu Hause ist." — Am 18. November 1894 erklärte die „Libre Parole" triumphirend: „Die Sache hat ihren Fortgang, obwohl der Kriegsminister Mercier sechs Wochen gebraucht hat, all' die vom Judenthum aufgehäuften Hindernisse zu überwinden. Ohne die von unserem Blatte zuerst gebrachte Notiz wäre Dreyfus heute sicher entkommen!" — Von da ab hat Drumont dann fort und fort Lüge auf Lüge gehäuft, eine immer wahnwitziger, als die andere, um die Schuld des Dreyfus und das verbrecherische Treiben aller Dreyfusfreunde darzustellen. Die Insinuation, dass auch der dreyfusfeindliche Präsident Felix Faure aller Wahrscheinlichkeit durch die Dreyfusards vergiftet worden sei, gehörte mit zu den jüngsten Blüthen dieser Tageslitteratur. Das alles hat aber nicht gehindert, dass die „Libre Parole" zumal in der Armee, eines der verbreitetsten Journale Frankreichs geblieben ist. Man kann sich darnach vorstellen, wie es in den Köpfen von Franzosen aussah, die seit Jahren ausschliesslich aus der „Libre Parole" und ihren Ablegern ihre Kenntnisse der „Affaire" geschöpft haben. Wie oft habe ich während meines Aufenthalts in Frankreich in einer die „Affaire" leise streifenden Unterhaltung mit gebildeten, anscheinend ausserhalb der antisemitischen Cliquen stehenden Gallischen Freunden auf meine Frage, wie sie sich denn das Motiv des als schuldig vorausgesetzten Dreyfus dächten, die überzeugte Antwort erhalten: „Oh, da kennen Sie unsere Juden schlecht, wenn Sie glauben, Dreyfus könne nicht um dreissig Silberlinge Frankreich verrathen haben!" Schliesslich war eben mit fast der gesammten einflussreichen französischen Presse so ziemlich das gesammte Franzosenthum mehr oder weniger antisemitisch verseucht. Dagegen ist erst mit dem faux Henry, den Trakasserien Picquarts und dem Referate Bard's eine gewisse Reaktion eingetreten, die sich dann mit Loubet's Wahl zum Nachfolger Felix Faure's stärker und stärker markirt hat.

Die französische Presse! Da ausserhalb von Paris thatsächlich auch nicht eine französische Zeitung von irgend welcher politischen Bedeutung existirt, die elende Provinzialpresse Frankreichs ausschliesslich aus lokalem Klatsch und der ihr unmittelbar von den Pariser „Confrères" zufliessenden Politik ihre kümmerliche Nahrung zieht, von dort regelmässig ihre Stichworte und ihre Direktive empfängt, ist die Pariser Presse die französische.

Was aber diese schlechthin zügellosen, feilen und frechen Pariser Organe der „öffentlichen Meinung“ durch die Unsumme der von ihnen über die „Affaire“ und die Dreyfus-Schuld täglich unter das Publikum geschleuderten Lügen und Verleumdungen dazu beigetragen haben, das Blut des Volkskörpers zu verderben, den letzten Rest von Besinnung, Kritik, Gerechtigkeitsgefühl intellektuell und moralisch zu ertödten, übersteigt alle Vorstellungen. Von der „Libre Parole“ Drumont's ist schon die Rede gewesen. Ihr zunächst stand allezeit als getreuer Schildknappe der alte Kommunard und Boulangist Rochefort mit seinem „Intransigeant“, ebenso antisemitisch wie Drumont, ebenso unmittelbar aus den Kreisen des Generalstabs inspirirt, ebenso ungeheuerlich und absolut schamlos in den wüthendsten Invektiven gegen alles, was in Frankreich noch republikanisch aufrecht steht, ebenso schlechthin gleichgültig gegen alle Wahrheit in der Welt. Aus den Spalten dieser beiden, in den mittleren und unteren Volksschichten weit verbreiteten Blätter sind vornehmlich die Stichworte vom „traître“ Dreyfus, vom jüdisch - protestantischen „Dreyfus-Syndikat“ und den von ihm gekauften „Dreyfusards“, dem nationalen Denken eingeimpft worden. Ein wenig anständiger in der Sprache und maassvoller im Urtheil, im Uebrigen nicht minder rücksichtslos gegen jede Antastung des Dreyfus-Urtheils thätig war vom Beginn bis zum Schluss der „Affaire“, ja über das Urtheil des Kassationshofs vom 3. Juni 1899 hinaus und durch dessen Enquête gänzlich unberührt, die Haltung des von Judet redigirten „Petit Journal“, der in der französischen Bourgeoisie am meisten gelesenen, ihre tägliche Auflage nach Hunderttausenden, ihren Leserkreis nach Millionen zählenden Pariser Zeitung. Der orleanistische „Gaulois“ Arthur Meyer's, das „Echo de Paris“, der „Soir“, der „Jour“, die „Patrie“ Millevoye's, die „Liberté“, das „Journal“, der „Eclair“ u. s. w. u. s. w., sie haben sämmtlich mit Drumont und Rochefort um die Wette unermüdlich dahin gearbeitet, durch Verfälschung und Unterdrückung der Wahrheit, Verbreitung von Lügen und Verleumdungen das Urtheil der Nation gegen Dreyfus zu verwirren.

In der „Autorité“ Paul Cassagnac's zeigten sich wohl periodisch Anwandelungen gesunden Menschenverstandes und unabhängiger Gesinnung; regelmässig aber überwog der bonapartistisch-orleanistische Hass gegen die Republik, und es wurde auch von ihm im Chor der Antidreyfusards weiter gelärmt. Als während Scheurer-Kestner's erster Kampagne (Herbst 1897) der konservative „Figaro“ Dreyfus freundlich aufzutreten wagte, wurde er durch den Druck der militärischen Kreise gezwungen, seinen Chefredakteur de Rodays zu „beurlauben“, vom „Gaulois“ Cornély in die Redaktion zu übernehmen und ins Lager der Revisionsfeinde abzuschwenken. Später erst, im Sommer 1898, ist das einflussreiche Boulevardblatt zu der früheren, allmählich immer energischer für die Revision kämpfenden Haltung zurückgekehrt. Aehnlich verhielten sich der „Temps“ und das „Journal des Débats“, einflusslose Ueberbleibsel der freisinnigen, gebildeten und anständigen Journalistik aus den Tagen Louis Philippe's. Sie verstärkten nicht gerade das Geheul der Dreyfus hetzenden Meute, hüteten sich aber auch, ihr entschieden entgegenzutreten. Die einzigen drei Pariser Journale von einiger Bedeutung, die mit Muth und Zähigkeit den Kampf für die Revision des Dreyfus-Urtheils entschlossen aufnahmen, waren der von Yves Guyot redigirte „Siècle“, die „Aurore“ Clémenceaus und die „Petite République“ Jaurès's. Nur war Yves Guyot, einer der vielen ehemaligen Minister der Republik, zu ersichtlich von den Reinachs abhängig, Clémenceau vom Panama her anrüchig, und Jaurès der hervorragendste Führer der französischen Sozialisten, — so gross daher auch das journalistische Geschick war, mit dem sie die Sache des Dreyfus vertheidigten: erhebliches politisches Gewicht und moralisches Ansehen konnten sie für ihre Person der Sache kaum zubringen. Die wenigen Pariser Journale, die sonst noch als Dreyfus freundlich zu nennen wären („Rappel“, „Voltaire“), hatten vollends einen zu dünnen Leserkreis, um irgend welche Wirkung auszuüben.

Als Armand Carrel von Emile de Girardin im Duell getödtet wurde, schloss der Historiker Lanfrey einen dem Todten gewidmeten Nachruf mit den trostlosen Worten: „In Armand

Carrel ist der letzte französische Journalist grossen Styls, vornehmer Gesinnung, idealer Ziele, dahingegangen, und der ihn getödtet hat, ist der Gründer der neuen Schule, für die die politische Journalistik nichts mehr ist, als ein gewinnbringendes Gewerbe!" — Seitdem sind ein Paar Jahrzehnte verlaufen, und gegen die seitdem fortgeschrittene sittliche Dekadenz der Pariser Presse erscheint heute bereits Girardin wie eine aristokratische Natur. Die republikanische Regierungslosigkeit, die parlamentarische Korruption, die thatsächlich bestehende absolute Unverantwortlichkeit der Zeitungen, die hochentwickelte, die Presse systematisch für Börsenzwecke, für finanzielle und industrielle Spekulationen ausbeutende „Publicité", die durch den Strassenverkauf unnatürlich gesteigerte Versuchung, Sensation zu machen und den Gewinn der Tagesauflage zu mehren, die demokratische Fluth mit ihrer Halbbildung und ihrem Demagogenthum, alles dies in Verbindung mit einigen allgemeinen Lastern unserer Zeit und einigen uralten Schwächen der Gallischen Rasse mussten das in der Presse thätige Menschenmaterial sittlich tiefer und tiefer sinken machen. Wie hätten sie sich nicht heisshungrig auf die „Affaire" stürzen sollen, die ihnen eine unerschöpfliche Quelle für täglich neu erfundene Sensationsnachrichten und Skandalgeschichten darbot! Nun stelle man sich vor, bis zu welcher Grenze das Urtheil und die Gesinnung eines Volkes verdorben werden kann, dem Jahre lang von einer so durch und durch verlogenen Presse in allen Tonarten pathetischer Entrüstung und blutigster Invektive vorgeredet wird, an der Schuld des Dreyfus bestehe bei allen Kundigen in der ganzen französischen Armee nicht der geringste Zweifel, die erdrückendsten Beweise gegen ihn seien in den Akten des Generalstabs vorhanden, es seien nur die Juden und die vom Ausland gekauften Judengenossen, die durch die von ihnen erstrebte Revision des Urtheils einen ruchlosen Verräther aus dem Bagno zu befreien, die französische Armee zu diskreditiren und zu ruiniren unternommen hätten. Das Goethe'sche Wort „Und habt Ihr gelogen in Wort und Schrift, anderen wird es und Euch ein Gift" hat sich kaum jemals in grösserem Umfange und unheimlicherer Tiefe bewahrheitet.

Wurde doch selbst dem Monarchisten Cornély das Treiben der Antidreyfus-Prozesse angesichts der im „Figaro“ veröffentlichten Enquête so arg, dass er seinen „Confrères“ das Epigramm zuschleuderte, er fange jetzt an zu zweifeln, ob die Bibel nicht doch dem Koth Unrecht gethan habe, da sie Gott aus ihm die Menschen schaffen liess! („Figaro“ vom 17. April 1899.)

Endlich haben einige der dem Durchschnittsfranzosen eigenthümlichen Charakterfehler, Eitelkeit, Leichtgläubigkeit und Unwahrhaftigkeit, das ihrige dazu beigetragen, dem Antisemitismus und der Presse ihr perverses Treiben in der „Affaire“ besonders erfolgreich und nutzbringend zu machen. Es ist für einen Deutschen misslich, hierüber ausführlicher zu reden: man läuft Gefahr, in eine pharisäerhafte Selbstgefälligkeit zu verfallen, und darüber zu vergessen, wie viel die Kultur der Menschheit den von Frankreich ausgegangenen idealen Impulsen verdankt, welche Fülle unverwüstlicher Lebenskraft, von Genie und Geist und allseitiger Begabung die Nation auch heute in sich birgt und, — wie es um diese Dinge in deutschen Landen beschaffen ist. Ein Paar die Dinge leise streifender Andeutungen mögen an dieser Stelle das Gesagte ein wenig illustriren.

Die Eitelkeit gallischen Blutes verhindert den Franzosen, die Selbstverschuldung nationaler Katastrophen jemals ehrlich, schlicht und gewissenhaft anzuerkennen. Immer muss ein traître da sein, der das Unheil verschuldet hat. Dass in den oberen Chargen der „glorreichen“ französischen Armee, im Grossen Generalstabe und seinen Bureaus, Beschränktheit und Befangenheit, Unlauterkeit der Gesinnung und skrupelloses Handeln zu Hause, und gegen Dreyfus mitwirksam gewesen sein könnten, erschien schlechthin ausgeschlossen. Wohl aber musste es eiteler nationaler Selbstgefälligkeit durchaus glaublich erscheinen, dass der traître Dreyfus zahlreiche andere „Verräther“ im Lande zu Freunden habe, die zu seinen Gunsten gegen „die Armee“ machinirten und intriguirten. Ein französisches Kriegsgericht besteht nun einmal nicht aus feilen, politisch korrumpirten, republikanischen Magistraten, ein französisches Kriegsgericht irrt sich niemals, — wie oft habe ich solche Wendungen wahnwitziger Ueberhebung auf französischem Boden vernehmen müssen!

Wir alle kennen aus Alphons Daudet's Tartaringeschichten die unausrottbare Neigung des Südfranzosen zur Prahlerei, Aufschneiderei, Flunkerei jeglichen Grades bis zur groteskesten Lüge. Das südfranzösische Volkselement mit seiner reichen Begabung von Phantasie, Witz, Rhetorik behauptet aber sowohl im Parlament, wie in der Journalistik, in der Politik, wie in der Litteratur des heutigen Frankreichs eine herrschende Stellung. Hand in Hand mit dieser halb spielenden, halb ernsthaften Unwahrhaftigkeit geht eine Leichtgläubigkeit äussersten Grades. Man ist es nicht gewohnt, an sich selbst viel Selbstkritik zu üben, und übt sie daher an anderen auch nicht. Noch viel erstaunlicher, als der ungeheuere Berg über Nacht stets neu ausgebrüteter Lügen, der, vornehmlich von der Presse der Dreyfus feindlichen Faktionen himmelhoch aufgethürmt, die Wahrheit verschüttet hat, war für mein Urtheil immer die entsetzliche Thatsache, dass der hundertmal der krassesten, geflissentlichsten Unwahrheit überführte Lügner unverändert mit seiner hundert und ersten Lüge Glauben fand. Die „Agence Havas“ konnte die offiziellsten Dementis verkünden, die verleumdeten Personen an allen Strassenecken die ihnen angethanene Verleumdung niederschreien: das betroffene Blatt Rochefort's oder Drumont's, Judet's oder Millevoye's, hielt es garnicht der Mühe werth, von den Ableugnungen Notiz zu nehmen, log ungestört weiter fort und fand ungemindert gläubige Leser.

Aus der Zeit der ekelhaften, gegen die Kriminalkammer des Kassationshofes geführten Kampagne mögen ein paar dieser von mir damals angemerkten Zeitungsblüthen hier erwähnt werden. Da wurde in der Antidreyfuspresse unisono schlankweg behauptet, die Dreyfusfreunde hätten durch ihren Einfluss schon seit Jahren dafür gesorgt, nur Dreyfus freundliche Räthe in den Kassationshof und seine Kriminalkammer hinein zu befördern. Dem gegenüber wird urkundlich nachgewiesen, dass bis auf einen, sämmtliche Mitglieder der Kriminalkammer, der verhasste Referent Bard nicht ausgenommen, längst vor dem Jahre 1894, also ehe überhaupt die „Affaire“ existirte, ihr Rathspatent erhalten haben. Glaubt man, dass dieser Nachweis die unverdrossene Weiterverbreitung jener Mähr im geringsten gestört hat? dass von der

Berichtigung auch nur Notiz genommen wurde? Entfernt nicht! Da erzählt ein Parlamentarier, Georges Berry, in der „Patrie“, kurz vor dem Beginn der Revisionsverhandlung hätten Mathieu Dreyfus, der als Dreyfusfreund bekannte Senator Trarieux und einige hervorragende Räthe der Kriminialkammer in dem und dem Restaurant ein gemeinsames Festessen zur Verherrlichung des kommenden Dreyfus-Siegs gefeiert. Von allen betheiligten Seiten regnen die bündigsten Erklärungen, dass an der ganzen, frech erfundenen Dinergeschichte auch nicht ein wahres Wort sei, die gedachten Personen sich gar nicht kennen, sich nie gesehen haben. Herr Georges Berry erwidert darauf kühl, er werde die Kellner schon ermitteln, die die volle Wahrheit seiner Erzählung erhärten würden, und erfindet flugs eine neue ähnliche Geschichte. — Da berichtet der „Gaulois“ mit allen möglichen ad hoc erfundenen Details von einer Dinerszene, in der der General Marquis de Gallifet, der Beschützer Picquart's, durch eine unvorsichtige Aeusserung verrathen habe, durch welche fein ersonnenen Prozesspraktiken er und seine Freunde Picquart dem Militärgerichtsstande zu entziehen gedächten. Auch diese Geschichte wird vom General Gallifet von Anfang bis Ende als erlogen denunzirt und zum Gegenstande eines förmlichen Diffamationsprozesses gemacht: das hilft nichts, Herr de Maizière begnügt sich damit, dunkel anzudeuten, er werde schon vor dem Kassationshofe, falls er nur vernommen würde, den Beweis der Wahrheit erbringen, — und der „Gaulois“ erfreut sich ungeschmälert seiner vornehmen orleanistischen Klientel. — Die Lügenhaftigkeit des Herrn Quesnay de Beaurepaire, und der Misthaufen, aus dem er sein Geklätsch zusammenzulesen liebt, waren längst landkundig: das hinderte ihn nicht, auch nach der Mazeau'schen Enquête noch in seinem „Echo de Paris“ drauf los zu behaupten und auch für diese Verleumdung Glauben zu finden, der Rath Bard habe schon einige Tage vor der Revisionsverhandlung vom 27. Oktober 1898 in einem geheimen Konventikel mit Clémenceau und den Dreyfus-Advokaten sein Referat zur Verlesung und Approbation gebracht. Vor dem Kassationshofe erschien selbst dem Gewährsmann Quesnay's, dem Polizeispitzel Guénée, diese Lüge zu kolossal, um ihre Vertretung zu übernehmen. Aber Quesnay de

Beaurepaire bleibt unentwegt eine Zierde aller „patriotischen“ und „nationalistischen“ Kreise französischer Geburts- und Bildungsaristokratie. — Im „Figaro“ vom 2. Februar 1899 erzählte der Parlamentarier Gaston Deschamps folgendes erbauliche Erlebniss. Er sitzt im Januar 1899 in der Deputirtenkammer, und der Berichterstatter der der Dessaisirung der Kriminalkammer des Kassationshofes abholden Kommission Renault-Morlière giebt eine ziemlich indifferente formale Erklärung ab. Da äussert sein Nachbar zur Linken zu unserem Erzähler: „Sie wissen doch, dieser Herr Renault-Morlière ist der Schwiegersohn des Advokaten Mornard, des Vertreters der Madame Dreyfus im Revisionsverfahren.“ Deschamps weiss zufällig, dass Renault-Morlière Junggeselle ist, also Niemandes Schwiegersohn sein kann. Er wendet sich zu seinem Nachbar zur Rechten, und theilt diesem die eben gehörte Bêtise mit. Der hört nur mit dem einen, nur noch für die Lüge, nicht mehr für die Wahrheit empfänglichen Ohr auf dasjenige hin, was ihm Deschamps eben entrüstet auseinandergesetzt hat, und wiederholt mechanisch „ja, ja, das erklärt alles, Herr Renault-Morlière ist Mornard's Schwiegersohn!“ Natürlich wird alsbald die Geschichte unter den Antidreyfusfreunden weiter kolportirt, und Renault-Morlière ist und bleibt Mornard's Schwiegersohn. Sprechen diese Beispiele nicht eine beredtere Sprache, als es alle noch so ausführlichen allgemeinen Darlegungen französischer Volksstimmung in der „Affaire“ zu thun vermögen. Wenn in einem Lande die öffentliche Meinung erst einmal bis zu dem Grade verwildert und unzurechnungsfähig geworden ist, dass jede, auch die abenteuerlichste, sinnloseste Lüge geglaubt, Jedermann jede denkbare Niederträchtigkeit zugetraut wird, Niemand, weder der Präsident der Republik, noch die Minister, noch die Volksvertreter, noch die Mitglieder des höchsten Gerichtshofs, noch die Spitzen der Armee, noch irgend ein Offizier oder Beamter mehr dem Verdacht der Parteilichkeit, Käuflichkeit, Korruption entgeht, wie soll es da noch möglich sein, dass ein Rechtshandel von solcher das Parteiwesen bis auf den Grund aufwühlenden Bedeutung, wie es die Dreyfus-Affaire gewesen, in den normalen Geleisen normaler Rechtspflege verbleibt?

Dieser unglücklichen „Affaire“ und allem, was mit ihr zusammenhängt, hat die Göttin der Gerechtigkeit von Anbeginn an den Rücken gekehrt, und ihr schliesslich das Angesicht nur so widerwillig und gezwungen wieder zugewendet, dass das Vertrauen auf eine dauernde Versöhnung der zwiespaltigen Interessen des Rechts und der Politik vorläufig noch nicht recht aufzukommen vermag.

Dritter Abschnitt.

Die „Affaire“ und das Ausland. Die Affaire Picquart. Schlussbetrachtungen.

Ueberall in der zivilisirten Welt, die vom französischen Antisemitismus, vom französischen Armeekultus und dem französischen Parteiwesen unberührt geblieben, ist der verworrene Gang der Dreyfus-Affaire mit stetig wachsender Befremdung verfolgt worden. Ursprünglich hatte man, soweit man überhaupt von der Sache Notiz nahm, ausserhalb wie innerhalb der Grenzen Frankreichs so wenig Zweifel an der Schuld des Verurtheilten, wie Bedenken betreffs der Legalität des kriegsgerichtlichen Urtheils vom 22. Dezember 1894. Auch, als die veröffentlichte Anklage die unglaubliche Schwäche des ganzen auf das Bordereau gestützten Anschuldigungsbeweises offenkundig machte, liess man die Möglichkeit offen, dem verurtheilenden Gericht würden in der Hauptverhandlung wohl noch weitere, überzeugendere Beweise vorgelegen haben. Im Uebrigen konnte es für das Ausland doch nur von geringem Interesse sein, sich darüber Sorgen zu machen, woraufhin ein französischer Artilleriehauptmann von sieben französischen Kriegsrichtern des Landesverraths schuldig befunden worden sei. Es bedurfte des Zola'schen Manifestes, Picquart's Hervortreten gegen Esterhazy und der dramatischen Vorgänge des Zola-Prozesses vor den Pariser Assisen, um mit der Wende des Jahres 1897 die internationale öffentliche Meinung stärker in Wallung zu bringen. Von da ab erst hat sich allmählich allgemeines Misstrauen gegen die Integrität des französischen Generalstabs und die Ueberzeugung in den Gemüthern festgesetzt, dass, wie es auch um die Schuld des Alfred Dreyfus stehe, es bei seiner Verurtheilung nicht mit rechten Dingen zugegangen, das Urtheil vom 22. Dezember 1894 deshalb revisionsbedürftig sei. Je mehr sich dann die Revisionsbewegung zu einer französischen Staatskrisis vertiefte, und je deutlicher die verblendete militärische Gegnerschaft gegen jede gewissenhafte Nachprüfung des Dreyfus-Urtheils hervortrat, desto lebhafter wurde naturgemäss das Interesse des Auslandes an der „Affaire", und desto entschiedener seine Parteinahme für die Nichtschuld des Verurtheilten. Es liegt in der Natur menschlichen Empfindens und Mitempfindens begründet, dass die Vorstellung, ein Unschuldiger leide harte, unverdiente Strafe, den Gerechtigkeitssinn und alle Regungen der Sympathie allezeit stärker bewegen wird, als das öde Prinzip starren, formalistischen Beharrens auf der einmal abgeurtheilten Sache. Wer vermöchte sich dafür zu begeistern, daran Freude oder Genugthuung zu empfinden, dass einem im Bagno schmachtenden Sträfling, sei er auch im Wege Rechtens und zu Recht verurtheilt, die Last seiner Ketten weiter erschwert werden? Darin stand die Partie zwischen den Dreyfusfreunden und Dreyfusfeinden niemals gleich, weder in Frankreich, noch sonst in der Welt. Als vollends nach der selbstmörderischen Fälschung Henry's das entsetzliche Treiben der französischen Antirevisionisten ungeschwächt fortdauerte, die Verfolgungen Picquarts, die Verunglimpfungen des Kassationshofes brutaler und brutaler wurden, da stand das revisionsfeindliche Frankreich allein in der zivilisirten Welt. Man wendete sich von ihm ab, wie von einem aussätzigen Kranken.

Dass die gesammte Presse des Auslandes, die grosse, wie die kleine, die europäische, wie die amerikanische, von einigen verschwindenden Ausnahmen antisemitischer oder klerikaler Farbe abgesehen, konsequent eine, wenn nicht Dreyfus freundliche, so doch der Dreyfushetze feindliche Haltung festhielt, war für die französische Eitelkeit eine schmerzliche Erfahrung. Frankreich durfte doch sonst mit Sicherheit darauf rechnen, in Belgien, Holland, der Schweiz, Italien, Russland zahlreiche und einflussreiche, für die Interessen der „grossen Nation" allezeit thätige Anhänger zu besitzen. Journale, wie die „Indépendance Belge", das „Journal de Genève", die Petersburger „Nowosti“ u. a. m., hatte man sich gewöhnt, als Organe Frankreichs zu betrachten. Und nun musste man es erleben, dass selbst solche Blätter die Anti-Dreyfusards im Stich liessen, dass in der russischen Presse ein Mann von der Stellung und Ansehen des Senators Zakrewski energisch für die Revision eintrat, dass mit diesen Stimmen vereint alles, was es in England, in der Union, in Oesterreich-Ungarn an Weltblättern gab, ausnahmslos das revisionsfeindliche Verhalten des französischen Generalstabs verdammte und das moralisch, wie intellektuell gleich Schlechte der von ihm und seinen Freunden gegen die Revisionisten in Bewegung gesetzten Machenschaften schonungslos vor der gebildeten Welt an den Pranger stellte. Mit dem wohlfeilen Trost, man habe es wiederum mit vom „Syndikat“ bestochenen Subjekten zu thun, liess sich schliesslich solchen Gegnern gegenüber nicht mehr aufkommen. So behalf man sich, zumal nach der Faschodaniederlage, in Paris mit der plausiblen Erklärung, es sei des perfiden Albion Werk, das die Dreyfus-Affaire zur Schwächung und Zerstörung der französischen Armee mittels der Presse auszubeuten unternommen habe. Da selbst der gebildete Franzose sein politisches Wissen nur einem französischen Leibblatte zu entnehmen pflegt, seine Kenntniss ausländischer Dinge ausserordentlich dürftig und seine Leichtgläubigkeit ausserordentlich gross ist, mochte derartiges Gerede dem journalistischen Tagesbedürfniss ephemer genügen. Auf einige der gemässigteren Pariser Zeitungen, wie etwa der „Temps“, das „Journal des Débats“, der „Matin“, vielleicht auch der „Figaro“, hat indessen diese einmüthige Parteinahme der öffentlichen Meinung des Auslandes gegen die Aufrechterhaltung des kriegsgerichtlichen Urtheils vom 22. Dezember 1894 doch ersichtlich mitgewirkt, sich allmählich von dem Treiben der Anti-Dreyfusards loszulösen und den Ideen der Gerechtigkeit wieder zugänglicher zu werden.

Die deutsche Tagespresse hat sich im Grossen und Ganzen nicht anders verhalten, wie diejenige der übrigen nicht französischen Kulturvölker. Für Deutschland lag im Uebrigen Grund genug vor, an der „Affaire“ besonderen Antheil zu nehmen. War Alfred Dreyfus schuldig, so büsste er für der deutschen Kriegsverwaltung nach französischer Ueberzeugung geleistete Dienste. War er unschuldig verurtheilt, so war er das Opfer gewisser vom deutschen Militärbevollmächtigten in Paris begangener Unvorsichtigkeiten geworden. Alles, was mit der deutsch-französischen Spionage und Gegenspionage zusammenhing, war deutsche Angelegenheit. Und alles, was die französische Armee, den im französischen Offizierkorps waltenden Geist, die unter den französischen Armeechefs vorhandene technische, politische, sittliche Kapazität anging, musste für die Interessen unserer militärischen Sicherheit Frankreich gegenüber von vitalster Bedeutung sein. Wie hätten also derartige Erscheinungen nicht mit gespanntester Aufmerksamkeit in Deutschland beobachtet, erforscht, verzeichnet und beurtheilt werden sollen! Es ist immerhin möglich, dass einige Pariser Korrespondenten deutscher Blätter, mit den Pariser Reinachs, der Dreyfus-Familie, Bernard Lazare etc. persönlich liirt, hier und da in unbedingter und verfrühter Vertheidigung der Unschuld des Exkapitäns des Guten zu viel geleistet, allzu einseitig und allzu hitzig die anfangs zweifellos der Revision des Urtheils entgegenstehenden juristischen und politischen Bedenken bekämpft, vielleicht auch etwas leichtfertig von der Dreyfus-Partei zusammengefabelte Erfindungen, Kombinationen, Beschuldigungen weiter verbreitet haben. Im dreisten Lügen sind sicherlich die Anti-Dreyfusards der Drumont-Rochefort'schen Richtung ihren Gegnern immerdar unendlich überlegen gewesen, und, wenn gelegentlich die deutschen Dreyfusards auch einmal unerweisbare Behauptungen kritiklos indossirten, so ist das entschuldbar. In gutem Glauben haben sie sich zweifellos befunden, was sich von der anderen Seite schwerlich sagen lässt. Derartige Ausstellungen an der Haltung der deutschen dreyfusfreundlichen Presse scheinen mir im Uebrigen auch nur für die erste Periode der „Affaire", etwa von Scheurer-Kestner's Auftreten an bis zum Prozesse Zola, allenfalls am Platze zu sein. Damals stand auch der Verfasser dieser Schrift noch auf dem Standpunkt, die Nichtschuld des Exkapitäns zwar für möglich, das rechtskräftig gewordene Urtheil des Kriegsgerichts aber für zur Zeit nicht revisibel, und Zola's Kampagne gegen dieses Urtheil für eine heroische Donquixoterie zu halten. Damals ahnte der Deutsche nicht, was Zola vermöge seiner Pariser Verbindungen allerdings wissen oder diviniren konnte, mit welchen frevelhaften und verbrecherischen Mitteln der französische Generalstab seinen Esterhazy aus den Schlingen der über ihm hängenden Landesverrathsbeschuldigung herauszuziehen verstanden hatte. Als aber Henry's Fälschung, der Nonsens der von den Experten zu Ungunsten von Dreyfus und zu Gunsten von Esterhazy über die Handschrift des Bordereau abgegebenen Gutachten, die Nichtigkeit der vermeintlichen „Geständnisse" des Dreyfus, und die Bard'sche Darstellung des kriegsgerichtlichen Verfahrens gegen Dreyfus und Esterhazy ruchbar geworden waren, wer hätte es da noch der deutschen Presse und der deutschen Publizistik verargen wollen, dass sie im vollsten Einklang mit der öffentlichen Meinung der ganzen gesitteten Welt sich empört auflehnte gegen das kopflose und infame Treiben der gegen die Revision fortkämpfenden französischen Faktionen? Um sich deutscherseits mit den Herren Coppée und Lemaître — selbst Brunetière liess hier seine Freunde im Stich — für den Opfermuth des Herrn Quesnay de Beaurepaire zu begeistern, dazu gehörte denn doch ein grösseres Maass von Befangenheit oder von Unkenntniss französischer Menschen und Dinge, als uns billiger Weise zugemuthet werden durfte.

Indem ich diese Schlussbetrachtungen niederschreibe, kenne ich den letzten formalen Ausgang der „Affaire" nicht, vermag auch nicht zu ahnen, ob schliesslich das Kriegsgericht in Rennes Alfred Dreyfus von neuem verurtheilen oder ihn freisprechen wird. Für Dreyfus selbst und für die ihm persönlich zugewandten Sympathien wird der letzte Akt seine Bedeutung bewahren: das moralische, wie das juristische Urtheil der Welt kann dadurch nicht mehr beeinflusst werden. Denn für dieses steht heute schon über alle Zweifel hinaus fest, dass gegen Dreyfus keinerlei zur Verurtheilung ausreichende Ueberführungsbeweise vorhanden sind, und dass, wie auch das neue Urtheil des Kriegsgerichts ausfallen mag, jetzt nicht mehr rechtliche, sondern lediglich politische Erwägungen die Entscheidung bestimmen werden. Als deutscher Jurist begnüge ich mich an dieser Stelle, vom schlichten

Standpunkte deutscher Rechtsanschauung meine Ueberzeugung dahin zusammenzufassen: der Bordereaubeweis, mit dem materiell und — nach der bindenden Kraft des Revisionsurtheils vom 3. Juni 1899 — jetzt auch formell, die ganze Anklage gegen Dreyfus steht und fällt, ist kein Beweis und war niemals ein solcher. Die jüngsten Angaben Esterhazy's, nach denen er in Sandherr's Auftrage das Bordereau eigenhändig angefertigt, um dem Generalstabe ein Ueberführungsstück gegen Dreyfus zu verschaffen, mögen einstweilen werth sein, was sie im Munde Esterhazy's werth sind. Aber auch hiervon ganz abgesehen bleibt heute, wie vordem, schlechterdings unerwiesen, dass das Bordereau und die im Bordereau genannten fünf Urkunden jemals in den Besitz eines Vertreters einer auswärtigen Macht gelangt sind. Das Geheimniss der Entstehung des Bordereau ist mit den Obersten Sandherr und Henry wohl für alle Zeit begraben. Die Persönlichkeit, von der es Henry erhalten, die Art, wo und wie Henry's Hintermann dasselbe gestohlen oder gefunden haben will, sind noch genau ebenso in undurchdringliches Dunkel gehüllt, wie sie es jemals waren. Ist das Bordereau überhaupt echt, also keine Fiktion oder Fälschung im Sinne der Esterhazyschen Zugeständnisse, so bleibt, juristisch geurtheilt, auch dann noch die durch nichts widerlegte Möglichkeit offen, dass es ein Entwurf, ein Konzept eines nur beabsichtigten Uebersendungsschreibens gewesen und weder selbst, noch gar in Begleitung der Anlagen thatsächlich abgesendet worden ist. Und ebenso haltlos ist die subjektive Beweiskraft des Bordereau bezüglich der Alfred Dreyfus imputirten Thäterschaft. Ich glaube, es darf in der heutigen Kulturwelt als allgemein anerkannter strafgerichtlicher Grundsatz gelten, dass die Schriftvergleichung für sich allein niemals tauglich ist, die Identität einer Handschrift festzustellen. Das Beweismittel gehört zu den trügerischsten und unzuverlässigsten, die der Strafprozess kennt; es mag unter Umständen in Verbindung mit anderen Indizien aushilfsweise dazu beitragen, die richterliche Ueberzeugung zu verstärken: ohne solche Verbindung und Unterstützung bleibt es werthlos. Als der vielgenannte Experte Herr Bertillon sich durch sein graphologisches „System“ noch nicht zum Narren gemacht, hat er in einem Pariser Fälschungsprozess (1893) sehr zutreffend seine „Wissenschaft“ vor den Geschworenen selbst einmal folgendermaassen charakterisirt: „Ich behaupte niemals positiv die Authentizität einer Handschrift. Unter besonderen Umständen, und auch dies nur unter recht grossen Schwierigkeiten, und beim Vorliegen weiterer materieller Beweise lässt sich wohl die Verfälschung eines Schriftstücks „à peu près certainement“, einigermaassen darthun. Heute, wo graphologische Geschicklichkeit es überall den Fälschern leicht macht, eine fremde Handschrift bis zum Verwechseln nachzuahmen . . . . ist es unmöglich, die echte von der falschen Handschrift sicher zu unterscheiden. Deshalb enthalte ich mich grundsätzlich derartiger Konklusionen und begnüge mich mit Wahrscheinlichkeiten.“ Im Dreyfusprozesse vor dem Kriegsgerichte, wie vor dem Kassationshofe und im Zola-Prozesse hat freilich Herr Bertillon seine frühere Selbsterkenntniss bereits wieder vergessen; hier rühmte er sich seiner unfehlbaren Methode, mit der er des Alfred Dreyfus Handschrift im Bordereau festzustellen im Stande sei. Dass übrigens jeder absichtlichen Nachahmung einer fremden Handschrift gegenüber alle Schriftvergleichung versagt, wusste man von Alters her auch ohne Herrn Bertillon. Für den gegenwärtigen nivellirten Bildungszustand der Kulturvölker lässt sich überhaupt bemerken, dass die Handschriften der Menschen immer mehr an Charakter und individuellem Gepräge verlieren, innerhalb gewisser Berufskreise, gewisser nationaler und sozialer Schichten einander immer ähnlicheren Typus annehmen und die Identität der schreibenden Persönlichkeit zusehends weniger zum Ausdruck bringen. — Was aber sonst noch, sei es in der Anklageschrift, sei es ausserhalb derselben an Beweisen für die Schuld des Dreyfus beigebracht worden ist — die verrückten Beobachtungen du Paty's, die Geständnisse Lebrun-Renaults, der Inhalt der geheimen Dossiers des Generalstabs etc. — steht tief unter dem Werth willkürlicher entfernter Verdächtigungen. Es gehört eben entweder der böse Wille oder die Bornirtheit französischer Generalstabsoffiziere dazu, um überall, wo in den aufgefangenen deutsch-italienischen Korrespondenzen der Botschafter, Gesandten, Militärbevollmächtigten der Anfangsbuchstabe D. oder die Thatsache des Dreyfus-Prozesses hervortritt, stets Alfred Dreyfus und das Zugeständniss durch ihn verübter Spionage untrüglich herauszuerkennen. Deshalb darf schon heute kategorisch behauptet werden, dass Dreyfus weder „justement“ noch „légalement“ verurtheilt worden ist, und dass, falls er von Neuem verurtheilt würde, dies gegen Recht und Gerechtigkeit geschehen würde.

Nach allem, was inzwischen über die inneren Vorgänge kriegsgerichtlicher Prozeduren gegen Esterhazy und Picquart aktenkundig geworden, ist es ohnehin für lange Zeit zu Ende mit dem Glauben der Welt an die Integrität des französischen Generalstabs und der Autorität einer von einem französischen Kriegsgericht abgeurtheilten Sache. Zumal dasjenige, was vor unseren Augen, während die erregte öffentliche Meinung bereits mit gespanntestem Misstrauen die Vorgänge verfolgte, gegen Picquart, und zwar in diesem Falle nicht von subalternen Organen, sondern von den „grands chefs“ persönlich, von den Generalen Zurlinden, Pellieux, Gonse, Roget strafgerichtlich verübt wurde, zeigt, dass, sobald irgend welche gehässigen Motive mitspielen, französischen Militärbehörden jeder Frevel und jede Verblendung zugetraut werden kann. Ich zweifele keinen Augenblick, dass, wäre das règlement des juges nicht dazwischen getreten, Picquart heute wegen Fälschung kriegsgerichtlich ebenso degradirt und dem Bagno überliefert worden wäre, wie es mit Alfred Dreyfus geschehen ist. Ja, für mein Rechtsgefühl zeigt das Verfahren gegen Picquart viel, viel schlimmere Züge konsequent betriebener, bewusster Rechtsbeugung, als dasjenige gegen Dreyfus. Im letzteren Falle lassen sich im Antisemitismus, der Handschriftenähnlichkeit, den leichtfertigen Folgerungen aus der militärisch-technischen Beschaffenheit der im Bordereau verzeichneten Urkunden*) und den frevelhaften Auslegungen der im dossier secret

*) Ob dieser vor dem Kassationshofe von Cavaignac, Roget, Cuignet, Deloye mit besonderem Nachdruck für die Dreyfusschuld vertretene Gesichtspunkt auch schon vor dem ersten Pariser Kriegsgericht von den Generalen Boisdeffre und Gonse verwerthet worden ist, lässt sich heute nicht mehr mit Sicherheit darthun, bleibt aber in hohem Grade wahrscheinlich. Die frühzeitige Veröffentlichung der Enquêteprotokolle im „Figaro“ hat dann den Herren Cavaignac und Genossen die Gelegenheit verschafft, ihre klägliche Unwissenheit in mili-

enthaltenen echten und falschen Aktenstücke immer noch Anhaltspunkte für die Annahme einmal vorhanden gewesenen guten Glaubens des ersten Pariser Kriegsgerichts finden. Die militärischen Verfolgungen und Misshandlungen Picquart's ruhten von Anfang bis Ende ganz und gar auf den niederträchtigsten Beweggründen gehässiger Feindschaft, verblendeter Rachsucht, verbrecherischer, auf die Verdeckung eigener Missethaten abzielender Umtriebe.

Desshalb und weil diese aktenkundig gewordenen Thatsachen die in der französischen Armeeverwaltung eingerissene Wirthschaft am überzeugendsten charakterisiren, mögen dieselben an dieser Stelle im Zusammenhange kurz geschildert werden. Sie bilden innerlich wie äusserlich das Komplement der militärischen, für die Aufrechterhaltung der Dreyfus-Schuld in Bewegung gesetzten Machenschaften. Ohne Picquart, darin hat der General Roget vor dem Kassationshofe wohl einmal die Wahrheit getroffen, hätte es schwerlich jemals eine Revision des kriegsgerichtlichen Urtheils vom 22. Dezember 1894 gegeben.

Wie schon oben erwähnt, war Picquart im März oder Anfang April 1896 zuerst durch die anscheinend von v. Schwartzkoppen oder einem seiner Leute an Esterhazy geschriebene, durch Geheimagenten abgefangene und dem Service des renseignements

---

tärischen Dingen vor der militärischen Intelligenz der französischen Armee selbst in grelles Licht zu setzen. Während z. B bezüglich des im Bordereau sub 1 aufgeführten „frein hydraulique du 120“ von den Vertretern des Generalstabes übereinstimmend behauptet wurde, dieser neuerfundene Geschützhebel und seine Handhabung seien im Jahre 1894 von der Artillerie noch so geheim behandelt worden, dass eben nur ein Mann von der Position des Dreyfus darüber hätte Auskunft geben können, mussten sie sich später nachweisen lassen, dass, abgesehen von den bereits seit 1891 mit dem Geschützmodell 120 offen gemachten Schiessversuchen, schon im Februar 1894 Zeichnung, Beschreibung etc. des canon 120 court mit sammt dem frein hydraulique oder richtiger hydropneumatique in offenen, nicht sekretirten Brochuren unter sämmtlichen Offizieren einzelner mit der versuchsweisen Einführung des fr. Feldgeschützes beauftragter Artillerieregimenter verbreitet worden sind. Die deutsche „Allgemeine Militär-Zeitung“ vom 19. September 1891 widmet dem neuen französischen Feldgeschütz 120 bereits eingehende Artikel.

überbrachte Telegrammkarte (petit bleu) auf Esterhazy aufmerksam geworden. Henry, der sonst den Verkehr mit dem Pariser Geheimagenten der Gegenspionage ausschliesslich vermittelte, hatte zwar die Bestandtheile des petit bleu mit einem Convolut anderer Papiere gleichen Ursprungs persönlich in Empfang genommen, hatte sie aber unbesehen und ungelesen am anderen Morgen Picquart übergeben, eine Urlaubsreise angetreten, und dieser Zufall spielte den petit bleu in seiner ursprünglichen, aus zahlreichen zerrissenen Stücken bestehenden Beschaffenheit in Picquart's Hände. Da der Inhalt der Zuschrift nicht ohne weiteres verfänglich und nur für das Vorhandensein irgend welcher Schwarzkoppen-Esterhazy'schen Beziehungen von Erheblichkeit war, veranlasste Picquart Recherchen über die Persönlichkeit Esterhazy's, seinen Lebenswandel, seinen Verkehr, seine Korrespondenzen, seine Handschrift. Dann ist Picquart durch Mittheilungen eines gewissen Richard Cuers, der mit Deutschland und Frankreich Doppelspionage trieb, und zu dem Berliner Militärbevollmächtigten Frankreichs de Foucault geäussert hatte, deutscherseits hätte man niemals von Dreyfus, wohl aber von einem französischen Bataillonskommandanten, speziell über artilleristische Dinge, Informationen erhalten, gegen Esterhazy als möglichen Urheber auch des Bordereau misstrauisch geworden, und hat daraufhin noch einmal die alten Dreyfus-Akten studirt. Sobald indessen die Picquart'schen Nachforschungen solchergestalt eine die Schuld des Dreyfus antastende Richtung annahmen, begannen die Picquart'schen Untergebenen im Bureau des renseignements, Henry, Lauth, Gribelin, unterstützt von du Paty, ihre Gegenminen zu graben. Du Paty verdankte seiner fragwürdigen Thätigkeit als Untersuchungsrichter gegen Dreyfus allerlei dienstliche Anerkennung; er war dabei interessirt, an der Dreyfus-Schuld nicht rütteln zu lassen. Die Motive Henry's liegen weniger aufgeklärt vor. Dass er Picquart als an Lebensjahren jüngeren, ihm zu intelligenten und für sein Auftreten unbequemen Vorgesetzten hasste, ist wahrscheinlich; dass er mit Esterhazy seit Jahrzehnten befreundet war, auch schon im Jahre 1876 von letzterem Geld entliehen hat, ohne es wiederzugeben, erhellt aus den von Jules Roche dem Kassationshofe überreichten

Esterhazy'schen Briefen; welche persönliche Berührung er mit dem Bordereau gehabt, bleibe dahingestellt. Dass die Henry untergeordneten Subalternoffiziere, der Archivist Gribelin, der Kommandant Lauth etc. zu jeglichen schlechten Handlangerdiensten zu brauchen waren, haben ihre Kollusionen mit Esterhazy unter du Paty's Führung erwiesen.

Also wurde von dieser Clique das Stichwort ausgegeben, Picquart wolle weiter Nichts, als Dreyfus befreien, indem er Esterhazy als Verfasser des Bordereau für den verurtheilten Dreyfus einzuschieben versuche. Sicherlich hat dieselbe Gesellschaft auch damals schon zu der infamen, später vom General Roget vor dem Kassationshofe wiederholten Andeutung gegriffen, Picquart wolle vielleicht eine von der Familie Dreyfus für den Unschuldbeweis des Exkapitäns ausgesetzte Prämie verdienen. Derartiges entblödete ein französischer General sich nicht zu insinuiren gegen Picquart, der selbst das seinige zur Verurtheilung des Alfred Dreyfus beigetragen, und nach der Verurtheilung die Dreyfus'sche Verwandtschaft fortgesetzt im Geheimen hatte beobachten, ihre Korrespondenz mit der Teufelsinsel hatte kontroliren lassen! Nachdem die Vorgesetzten Picquart's, die beiden Chefs des Generalstabs Boisdeffre und Gonse, von der Bande Henry und Genossen gehörig bearbeitet worden waren, erfolgte erst eine Warnung an Picquart, an der chose jugée nicht zu rühren, Dreyfus und Esterhazy absolut auseinanderzuhalten, sodann, ersichtlich auf weitere Instigationen Henry's, Picquart's Entfernung aus dem Generalstabe (1. November 1896). Man erfand für ihn eine geheime Mission im Bezirke des 6., 7., 14., 15. Armeekorps, schliesslich in den entlegenen Gebieten von Tunis. Sobald Picquart Paris verlassen hatte, versuchten Henry und Gribelin den Polizeiagenten Tomps, der noch von Picquart beauftragt worden war, die Urheber der im „Eclair“ und „Matin“ erfolgten Veröffentlichungen von Aktenstücken des Dreyfus-Prozesses zu ermitteln, dahin zu bearbeiten, dass Tomps Picquart selbst als diesen Urheber denunzire. Gleichzeitig wurde Picquart's nach Paris gerichtete und von Picquart vertrauensvoll Herrn Gribelin zur ferneren Beförderung überlassene Privat-Korrespondenz ruchloser Weise im Generalstabe eröffnet und unterschlagen. Aus einem dieser harmlosen Privatbriefe eines Sekretärs der Gräfin Comminges an Picquart vom November 1896 glaubte man unter dem, einem Kapitän Lallemand im Kreise der Gräfin gegebenen Spitznamen, „demi-dieu“ versteckte Dinge wittern zu können, und fabrizirte schleunigst (15. Dezember 1896) mit der Unterschrift „Speranza“ einen an Picquart gerichteten Brief, der ihn aufforderte, schleunigst aus Afrika nach Paris zurückzukehren, „le demi-dieu agira“. Du Paty und Henry arbeiteten zusammen im Komplot; die Absicht des Bubenstücks ging lediglich dahin, den falschen Brief im schwarzen Kabinet des Generalstabes zur Eröffnung zu bringen und Picquart zu kompromittiren.

Picquart fand den gefälschten Brief erst Monate später in dem heimlich gegen ihn angesammelten Dossier vor. Im Mai 1897 erfuhr Picquart dann durch seine Pariser Freunde, dass er ostensibel noch immer als Chef des Bureau des renseignements behandelt würde und man die Geheimagenten fortgesetzt an ihn, Picquart persönlich Berichte erstatten liesse, die man im Bureau weiter verwerthete; er schrieb dieserhalb entrüstet an Henry und erfuhr nunmehr zu seiner Ueberraschung, dass er offiziell bereits der Gegenstand bestimmter, theils disciplinärer, theils krimineller Anschuldigungen geworden sei. Bis dahin hatte man ihn in dem Glauben gelassen, er werde nach Beendigung seiner afrikanischen „Mission“ wieder in den Grossen Generalstab zurückkehren. In dem mit Autorisation der Generalstabschefs von Henry abgefassten Schreiben vom 31. Mai 1897 werden die Picquart zur Last fallenden Beschuldigungen dahin formulirt, dass er eigenmächtig gegen Esterhazy vorgegangen sei, den petit bleu Monate lang zurückbehalten und zwei Offiziere (Lauth und Gribelin) bezüglich des petit bleu zu Pflichtwidrigkeiten habe verleiten wollen. Jetzt übersah Picquart die ihm bereitete Situation und die ihm drohende Gefahr; um sich die Beweise zu sichern, dass mindestens seit Anfang August 1896 seine Recherchen gegen Esterhazy mit ausdrücklicher Zustimmung der Generalstabschefs de Boisdeffre und Gonse erfolgt waren, begab er sich (Juni 1897) urlaubsweise nach Paris und übergab die über seine Recherchen gegen Esterhazy mit dem General Gonse gepflogenen Korrespondenzen dem Advokaten Leblois. — Wir gelangen nunmehr zur Herbstperiode des Jahres 1897, da Esterhazy auf die von Mathieu Dreyfus drohende Denunziation von seinen Freunden Gonse*), du Paty, Henry nach Paris zurückgerufen und die oben geschilderten Machenschaften zwecks seiner Beschützung ins Werk gesetzt wurden.

Im Oktober 1897 erhält Picquart unter Verweigerung des nachgesuchten Urlaubs den Befehl, in Tunis (Susa) zu bleiben. Am 7. November 1897 wird von ihm eine dienstliche Erklärung gefordert, ob er nicht ein geheimes Aktenstück — das von du Paty dem Esterhazy durch eine verschleierte Dame in die Hände gespielte sog. document libérateur „ce canaille de D." — aus dem Gewahrsam des Generalstabs entfremdet und einer Dame seiner Bekanntschaft überlassen habe.

In den Tagen des 10./11. November 1897 werden Picquart nach seinem tunesischen Exil gleichzeitig zugesendet: a) ein Schmähbrief Esterhazy's gleichen Inhalts, wie der von du Paty inspirirte, von Esterhazy in der „Libre Parole" veröffentlichte anonyme Artikel „Dixi", Picquart als Werkzeug des Dreyfus-Syndikats anschuldigend, b) ein von du Paty und Esterhazy fabrizirtes Telegramm mit der Unterschrift „Blanche" und der Mittheilung, „Georges" (Picquart's) Fabrikation des petit bleu sei jetzt herausgekommen, c) ein Telegramm desselben Ursprungs und derselben Falschheit, das Picquart benachrichtigt, „er solle den „demi-dieu" zurückhalten, Alles sei entdeckt, die Lage sehr ernst." Der Zweck dieser neuen Machenschaften war offenbar, zunächst einmal in den Akten des Generalstabs, der ja alle Korrespondenzen Picquart's kontrolirte, von den kompromittirenden Telegrammen als vermeintlich echten Kenntniss zu nehmen, sodann aber auch Picquart Fallen zu stellen, mindestens ihn in den Besitz höchst verdächtiger, später gegen ihn zu verwerthender Papiere zu setzen. Glücklicherweise war Picquart vorsichtig genug, sofort in Tunis seinem Vorgesetzten, General Leclerc, und mit dessen Autorisation dem Kriegsminister von den gegen ihn in Paris verübten Manövern Anzeige zu erstatten, und sich der falschen Aktenstücke zu entledigen. Alsbald erfolgte aus dem Kriegsministerium eine neue Aufforderung an Picquart, sich ver-

*) Dass auch General Gonse bei der heimlichen Benachrichtigung Esterhazy's mitgewirkt haben muss, erhellt aus dem Zeugniss der Generale Billot und Boisdeffre vor dem Kassationshofe zur Evidenz.

antwortlich zu erklären, ob er nicht an Leblois unerlaubte Mittheilungen militärischer Dienstgeheimnisse gemacht; und, sowie Picquart daraufhin zugiebt, seine Korrespondenz mit Gonse bei einem Dritten in Sicherheit gebracht zu haben, eine Haussuchung in Picquart's Pariser Wohnung. Es scheint, dass dem General Gonse sehr viel daran gelegen war, sich seiner an Picquart während dessen Esterhazy-Recherchen geschriebenen Briefe coûte que coûte wieder zu bemächtigen. Da dies misslungen war, versuchte man es zunächst noch einmal durch einen neuen an Picquart nach Afrika expedirten gefälschten Brief „Speranza", diesen zu irgend welchen kompromittirenden Schritten zu verleiten, und, als auch dieses Manöver fehlschlug, wurde Picquart am 21. November 1897 dienstlich von Tunis nach Paris zurückberufen. Nunmehr wird gegen ihn wegen vermeintlich an Leblois mitgetheilter Geheimakten ein förmliches Disziplinarverfahren eingeleitet, und General Pellieux zum untersuchungführenden Offizier bestellt. Am 13. Januar 1898 wird er verhaftet, in Mont Valérien detinirt, am 1. Februar 1898 beantragt das Disziplinargericht (Ehrengericht) seine Dienstentlassung (mise en réforme).

Der Kriegsminister hält seine Entscheidung geflissentlich einige Wochen in der Schwebe, Gonse lässt durch den Untersuchungsrichter Bertulus Picquart sagen, sein Schicksal werde von seinem Auftreten im Prozesse gegen Zola abhängen, und, da Picquart trotz aller ihm vor den Assisen des Zola-Prozesses durch Gonse, Pellieux, Henry zu Theil gewordenen Beschimpfungen mit seiner Ueberzeugung, nicht Dreyfus, sondern Esterhazy sei der Verfasser des Bordereau, nicht zurückhält, erfolgt auf Antrag des Kriegsministers Billot durch Dekret des Präsidenten der Republik vom 26. Februar 1898 unmittelbar nach Schluss des ersten Zola-Prozesses, seine Dienstentlassung. Nachdem dann das erste schwurgerichtliche Urtheil gegen Zola kassirt worden und der Generalstab nunmehr vor die Eventualität gestellt war, in dem neuen Prozess Picquart als militärisch nicht mehr gebundenen Zeugen von Neuem auftreten zu sehen, setzten auch die Verfolgungen von Neuem gegen ihn ein. Mit Hülfe des Polizeispitzels Guénée wurde eine Photographie fabrizirt und durch die Generalstabspresse („Jour") verbreitet, die Picquart

Arm in Arm mit dem Oberst von Schwartzkoppen in Baden-Baden darstellte. Nach des Kriegsministers Cavaignac berühmter Rede vom 9. Juli 1898 genügte der von Picquart öffentlich angebotene Beweis, den faux Henry evident zu machen, um am 13. Juli 1898 Picquart von Neuem in Haft und Untersuchung zu verwickeln. Jetzt hatte man im Kriegsministerium plötzlich die Entdeckung gemacht, die angeblichen Indiskretionen Picquart's an Leblois, die man früher nur disziplinarisch behandelte, liessen sich auf Grund des französischen Spionagegesetzes vom 18. April 1886 — dem Vorbilde des deutschen Reichsgesetzes vom 3. Juli 1893, betreffend den Verrath militärischer Geheimnisse — auch kriminell ausnutzen. Da aber nach französischem Prozessrecht die gleichzeitig gegen Militärpersonen und Nichtmilitärs als Komplizen zu führende Untersuchung dem bürgerlichen Richter zusteht und der Advokat Leblois als Mitschuldiger Picquart's in Anspruch genommen werden musste, verfiel Picquart zunächst dem bürgerlichen Strafverfahren und der bürgerlichen Untersuchungshaft der Santé. Inzwischen war Henry's Fälschung und sein Selbstmord Ereigniss geworden, das Ministerium Brisson hatte die Revision in Gang gebracht, die korrektionelle Kammer beschloss, mit dem Verfahren gegen Picquart bis zur Beendigung des Revisionsverfahrens gegen Dreyfus inne zu halten. Dem Generalstabe drohte jetzt Picquart's entscheidendes Auftreten vor dem Kassationshofe. Das musste per fas et nefas verhindert werden.

Wenn es gelänge, vorher Picquart als gemeinen Verbrecher dem Bagno zu überliefern, würde sein Zeugniss vor dem Kassationshofe ohne weiteres geächtet sein. Man besann sich also im Kriegsministerium und Generalstabe auf die noch von Henry erfundene Fährte, den petit bleu als ein von Picquart fabrizirtes Papier zu verdächtigen. Noch ehe daher die korrektionelle Kammer die Haftentlassung Picquart's nach vorläufiger Einstellung des Verfahrens beschliessen konnte (September 1898), griffen die Militärbehörden — Kriegsminister Chanoine, Kriegsminister und Militärgouverneur Zurlinden — gewaltsam ein, reklamirten Picquart als der Fälschung Angeschuldigten für sich und schleppten ihn aus der Santé nach dem Cherche-du-midi in militärische Haft zurück. Bei dieser ausschliesslich Picquart angehenden Fälschungsanklage hatte man die lästige Mitwirkung der bürgerlichen Gerichtsbarkeit nicht zu fürchten. Am 12. Dezember 1898 sollte die, Picquart der Fälschung des petit bleu und verschiedener Vergehen gegen das Spionagegesetz vom 18. April 1886 beschuldigende Anklage vor dem Pariser Kriegsgericht zur Hauptverhandlung gelangen. Da beantragte Picquart's Vertheidiger, Labori, beim Kassationshofe die Bestellung eines gemeinsamen Gerichtshofes für die beiden zivilgerichtlich und militärgerichtlich schwebenden Anklagesachen, der Kassationshof zog die Akten an sich, das Kriegsgericht war einstweilen dessaisirt und durch Beschluss des Kassationshofes vom 3. März 1899 wurde der Gerichtsstand dahin geregelt (règlement des juges), dass die Fälschungsklage mit den konnexen Anschuldigungspunkten, betreffend unbefugte Mittheilung militärischer Geheimnisse in das schwurgerichtliche Verfahren verwiesen, dagegen zwei weitere mit Picquarts Inkriminationen gegen Esterhazy nicht konnexe Anschuldigungspunkte der letztbezeichneten Kategorie dem militärgerichtlichen Verfahren vorbehalten blieben. Picquart vertauschte daraufhin den Cherche-du-midi wieder mit dem Gewahrsam der Santé. Erst am 9. Juni 1899 fand die Anklagekammer des Appellhofes den Muth, zwar noch nicht zur Einstellung der frivolen Fälschungsanklage, aber doch zur vorläufigen Haftentlassung des 11 Monate in Untersuchungshaft festgehaltenen Picquart.*)

Die von Kapitän Tavernier ordregemäss gegen Picquart erhobene Fälschungsanklage, wie sie vor dem Kassationshof veröffentlicht worden ist, erhob also die positive Beschuldigung, der g a n z e petit bleu sei von Picquart fälschlich angefertigt.

Für diese Beschuldigung wurde in der Anklageschrift auch nicht der Schatten eines Beweises beigebracht, weder in subjektiver, noch in objektiver Beziehung. Man erwäge: Picquart hatte im Dezember 1894 selbst mitgewirkt zur Verurtheilung

*) Inzwischen ist auch die Einstellung des civilgerichtlichen Verfahrens ausgesprochen worden, aber nicht, weil eine inepte und frivole Anklage vorliege, sondern lediglich, weil sich die Anklagekammer dem Urtheil des Kassationshofs vom 3. Juni 1899 fügen müsse. Deshalb bleibt die obige Kritik der Anklage nicht gegenstandslos.

des Exkapitäns, hatte Jahre lang niemals einen Zweifel an dessen Schuld geäussert, wiederholt antisemitische Gesinnung rückhaltslos bekundet, niemals in irgend welchen persönlichen Beziehungen zur Familie Dreyfus oder zu Esterhazy gestanden, und nun soll er in den ersten Monaten des Jahres 1896, allwo noch kein Mensch in der Welt, Bernard Lazare nicht ausgenommen, an dem Dreyfus-Urtheil zu rütteln versucht hatte, plötzlich darauf verfallen sein, Dreyfus von der Teufelsinsel zu befreien, dafür den ihm bis dahin gänzlich unbekannten Esterhazy hineinzuschicken und zu diesem Zwecke Fälschungen zu verüben. Für eine so unbegreifliche Handlungsweise musste doch irgend ein verständlicher Beweggrund plausibel gemacht werden! Derartiges erscheint aber der Picquart-Anklage ebenso entbehrlich, wie es der Dreyfus-Anklage gewesen ist.

Nun enthält überdies der petit bleu inhaltlich absolut nichts, was über die versteckte, allenfalls zwischen den Zeilen zu errathende Andeutung irgend welcher zwischen v. Schwartzkoppen und Esterhazy schwebender Geschäftsbeziehungen hinausginge, nichts, was unmittelbar auf landesverrätherische Umtriebe unmittelbar hinweist.*) Wie seltsam, dass, wenn Picquart fälschlich Esterhazy verdächtigen wollte, wenn ihm schon damals Esterhazy's Schuld am Bordereau vorschwebte, er seine Fälschung in derartig unbestimmter und nichtssagender Weise zu Stande gebracht hat! Auch für solche, doch auf der platten Hand liegenden Erwägungen bleibt die Tavernier'sche Anklage ohne den Schatten einer Einsicht. Und was wird darin für den objektiven Thatbestand der behaupteten Falschheit des ganzen petit bleu vorgetragen? Ist etwa der Geheimagent, der das Schriftstück Henry überbracht haben soll, ermittelt worden, und hat dieser dunkle Ehrenmann bezeugt, dass er es Henry nicht übergeben habe, oder liegt irgend eine Schwartzkoppen'sche Erklärung vor, dass der petit bleu nicht Schwartzkoppen'scher Provenienz sei? Der

*) Der petit bleu lautet im Text wörtlich: „j'attends avant tout une explication plus détaillée que celle que vous m'avez donnée l'autre jour sur la question en suspens. En conséquence je vous prie de me la donner par écrit, pour pouvoir juger, si je puis continuer mes relations avec la maison R. ou non.“

(Signé) C.

Gewährsmann Henry's ist dieselbe Persönlichkeit, die das Bordereau geliefert haben soll, und wird in der Picquart-Anklage ebenso todtgeschwiegen, wie es in der Dreyfus-Anklage geschehen ist! Oder haben wiederum ein paar mühsam aufgetriebene Experten Bertillon'scher Qualität die entstellte oder nachgemachte oder durchgepauste Handschrift Picquart's im petit bleu herauserkannt? Diesmal hat selbst das elende Beweismittel der Schriftvergleichung nicht das geringste Indiz gegen den Angeschuldigten zu erbringen vermocht. Statt dessen bemüht sich der Ankläger, allerlei konfuse Verdächtigungen in buntem Durcheinander zusammenzutragen: Picquart habe beim Photographiren der aus einigen dreissig zerrissenen und wieder zusammengeklebten Papierfetzen bestehenden Telegrammkarte (petit bleu) die Risse möglichst unkenntlich machen wollen, bei der ersten Auffindung und Rekonstruktion des Schriftstücks im Bureau des renseignements seien zwar noch andere Generalstabsoffiziere zugegen gewesen, doch bleibe es auffällig, dass Picquart die Entdeckung des petit bleu bald auf den März, bald auf den April 1896 zurückdatirt, dass er kurzweg Schwartzkoppen als Verfasser statt des Schwartzkoppen'schen Bureaus als Herkunftsort bezeichnet, dass er Monate darüber habe hingehen lassen, ehe er seinen Vorgesetzten Gonse und Boisdeffre über das Ergebniss seiner Recherchen gegen Esterhazy Bericht erstattet, und dass dies alles und noch einiges andere ähnlicher Beschaffenheit doch Picquart in hohem Grade belaste!

Insoweit liesse sich immer noch von blosser Begriffsverwirrung des Anklägers reden, der nun einmal von seinem vorgesetzten General Zurlinden den Auftrag erhalten hatte, die Anschuldigung der Fälschung zu begründen, und der nun blind drauf los ohne jedes Unterscheidungsvermögen in seinem Libell zusammentrug, was, den objektiven Thatbestand des Delikts als erwiesen vorausgesetzt, drei Jahre später im Verhalten Picquarts irgendwie als auffällig oder unaufgeklärt entdeckt werden konnte. Ruchlos und frevelhaft erscheint aber die ganze Anklage angesichts der erwiesenen Thatsache, dass die Organe des Generalstabs selbst an dem petit bleu die dreistesten und verbrecherischesten Fälschungen verübt haben, nur um Picquart der Fälschung bezichtigen zu können. Wie schon erwähnt, war an dem petit bleu gar nicht der prima facie unverfängliche Inhalt der Mittheilung, sondern lediglich die Herkunft aus dem Schwartzkoppen'schen Bureau und die deutlich von derselben Hand auf der Karte niedergeschriebene Adresse: „Monsieur le commandant Esterhazy, 27, rue de la Bienfaisance" von Bedeutung.

Als Picquart das Schriftstück durch die Generalstabsoffiziere Lauth und Junck photographiren liess, als er in den letzten Monaten 1896 den Dossier Esterhazy seinem Nachfolger im Bureau des renseignements Henry übergab, zeigte die Adresse des petit bleu denn auch noch unverkennbar die mit dem Kontext des Schreibens identischen Schriftzüge und keinerlei Spur von Rasuren, Korrekturen u. dgl. Erst als Picquart den Generalstab verlassen hatte, fanden es Henry und Genossen zweckmässig, den petit bleu und den Dossier Esterhazy in ihrem Sinne umzuarbeiten. Dem letzteren wurde zunächst, als ostensibel schon von Picquart ausgeführt, ein Zeitungsausschnitt des Pariser „Eclair" vom 7. Januar 1897 einverleibt, eine Esterhazy angehende Notiz enthaltend, und mit dem falschen Datum des 7. Januar 1896 versehen, um darzuthun, dass Picquart schon im Januar 1896, also längst vor dem Erscheinen des petit bleu Esterhazy zu verfolgen begonnen habe. Der petit bleu selbst aber musste sich gefallen lassen, dass die vorerwähnte Esterhazy-Adresse ausradirt und dann mit veränderter Handschrift noch einmal an die alte Stelle hineingeschrieben wurde. Jetzt sah der petit bleu allerdings stark darnach aus, als hätte darin ursprünglich eine beliebige andere Adresse gestanden, und als hätte erst Picquart nach Austilgung derselben die nunmehr vorfindlichen Worte „Monsieur le commandant Esterhazy, 27, rue de la Bienfaisance" fälschlich hineingeschrieben. Wären glücklicher Weise die Photographien des echten, unverfälschten petit bleu nicht noch in den Bureaus des Generalstabs zu ermitteln gewesen, wie schön würde sich die Anklage abgerundet haben, dass Picquart einen an eine dritte Person adressirten Rohrpostbrief Schwartzkoppen'scher Herkunft durch Verfälschung der Adresse frevelhaft dazu gemissbraucht habe, den gänzlich unschuldigen Esterhazy zum Verräther zu stempeln! Der Augenschein und das petit bleu bewies ja ohne weiteres die verfälschte Adresse, die Photographien verschwanden aus den Akten, Lauth, Junck, Henry, du Paty besannen sich auf nichts mehr, kein anderer als Picquart konnte die Adresse verfälscht haben, damit war der Freund Esterhazy vollständig entlastet, Picquart für das Zuchthaus reif, und die Dreyfus-Schuld von neuem festgestellt.

Ursprünglich ging denn auch sicherlich die Absicht der Generale Zurlinden, Gonse, Roget, die hauptsächlich die Fälschungsanklage betrieben, dahin, nur die Adresse des petit bleu als verfälscht gegen Picquart zu inkriminiren. Erst die Aufdeckung der Picquart in diesem Punkte absolut entlastenden Photographien machten es unmöglich, die schöne von Henry erfundene Fährte methodisch weiter zu verfolgen. Statt nun aber, nachdem Henry von der Bildfläche verschwunden und die Photographien nicht verschwunden waren, die Fälschungsbeschuldigung einfach fallen zu lassen, diese Inkrimination blind drauf los auf Anfertigung des ganzen petit bleu auszudehnen, nach all' den eigenen Zugeständnissen Esterhazy's über seine fortgesetzten Beziehungen zu von Schwartzkoppen immer noch so zu thun, als sei Esterhazy ein unschuldiger, einer Korrespondenz mit von Schwartzkoppen gänzlich unfähiger Mann,*) dazu gehörte denn doch ein unglaublicher Grad vollkommen hirnverbrannter Verfolgungswuth. Vergleicht man dasjenige, was Henry fein ausersonnen, mit dem plumpen blödsinnigen Machwerk Tavernier's so bleibt einem der Eindruck, als sähe man eine toll gewordene Meute auf falscher Fährte ziellos vor sich her rasen. Jedenfalls darf sich nach alledem, was solchergestalt in dem Prozesse Picquart urkundliche Evidenz geworden, die französische Armeeverwaltung nicht mehr wundern, wenn ihr und ihren strafgerichtlichen Prozeduren jegliche vorsätzliche Rechtsbeugung zugetraut wird, sobald starke militärische Beweggründe dahin drängen, „justement et légalement" einen Unschuldigen zu verurtheilen, oder einen Schuldigen der Strafe zu entziehen.

*) Nach Versicherung eingeweihter Personen befand sich zu alledem das französische Gouvernement schon seit 1898 im Besitz bündigster Erklärungen des Obersten von Schwartzkoppen, dass der petit bleu in Wahrheit von ihm an Esterhazy geschrieben worden sei.

Es bleibt übrig, von dem Einfluss der „Affaire" auf die internationalen Beziehungen zwischen Deutschland und Frankreich ein Wort zu reden. Wir Deutschen stehen eigentlich dem gesammten Dreyfus-Handel am parteilosesten gegenüber. Es ist wahr, dass unser Militärbevollmächtigter Oberst v. Schwartzkoppen seine diplomatische Pariser Stellung zu sehr umfangreicher Gewinnung militärischer Renseignements offener und versteckter Herkunft fruktifizirt hat. Dafür hat er es sich ahnungslos gefallen lassen, dass sein Schreibtisch, sein Papierkorb, seine sonst benutzten Behältnisse, Kleidungsstücke etc. für Rechnung des französischen Generalstabs Jahre lang mit unglaublicher Gründlichkeit ausgeplündert, seine gesammte Korrespondenz mit Panizzardi, mit anderen Pariser Beziehungen, mit Berlin fortgesetzt, sei es im Original, sei es im Brouillon, sei es in Kopien und Photographien sich in den Dossiers des französischen Generalstabs ablagerte. Die Zahl der solchergestalt in den militärischen dossiers secrets angesammelten Aktenstücke Schwartzkoppen-Panizzardi'scher Provenienz ist gelegentlich von den französischen Generalstabsoffizieren auf etwa 1500 Piecen beziffert worden. Was also deutscherseits in diesem Getriebe der Spionage und Gegenspionage unter Verletzung diplomatischen Herkommens gegen Frankreich gesündigt worden ist, ist französischerseits überreichlich kompensirt worden durch die unter Verletzung der Exterritorialität fortgesetzt verübten Einbrüche in die Bureaus der deutschen Botschaft und ihres Militärattaché's. Deshalb und in Erkenntniss der gegenseitigen Verschuldungen mussten auch die alsbald nach Dreyfus' Verhaftung und den ersten Pariser Zeitungsartikeln im November 1894 von unserem Botschafter Grafen Münster mit dem damaligen Präsidenten Casimir-Perier über den vermeintlichen Ursprung des Bordereau angeknüpften, anfangs etwas gereizten Erörterungen ohne Ergebniss wieder abgebrochen werden.*) Als dann aber im

*) Aus der Zeit dieser diplomatischen Spannungen datirt ein unter No. 46 des dossier militaire secret registrirter Brief vom 17. Januar 1895, anscheinend vom Berliner Staatssekretär des Auswärtigen (v. Marschall?) an Schwartzkoppen gerichtet, dessen Inhalt für deutsche Leser von Interesse ist, und dessen markanteste Sätze dahin lauten: „was Dreyfus

November 1897 die Dreyfus-Affaire in Frankreich von neuem flagrant wurde und die Frage der Dreyfus'schen Spionagebeziehungen zu Deutschland und Italien wiederum im Vordergrunde der Dreyfus-Campagne stand, haben sowohl Graf Münster, wie der italienische Botschafter Graf Tornielli in der offiziellsten und bündigsten Form dem französischen Gouvernement die Zusicherung gegeben, dass keiner der beiden Staaten, weder unmittelbar noch mittelbar etwas mit Dreyfus zu thun gehabt hat; sie haben die feierlichsten, von Schwartzkoppen und Panizzardi auf Ehrenwort beurkundeten Versicherungen gleichen apodiktischen Inhalts übergeben und die volle Bereitschaft ausgesprochen, beide Militärbevollmächtigten als Zeugen vernehmen zu lassen. Weshalb hat man von diesem Anerbieten französischerseits niemals Gebrauch gemacht, weshalb ist insbesondere der Kassationshof nicht auf dieses kapitale Beweismittel zurückgekommen?

Jedenfalls soll man Deutschland nicht vorwerfen, dass es die Verurtheilung des Exkapitäns widerspruchslos hingenommen, oder die rechtzeitige Revision des Urtheils irgendwie behindert hätte. Dass sich im französischen Generalstabe Offiziere vom Schlage der Henry und du Paty, Generale von der intellektuellen Inferiorität der Boisdeffre, Pellieux, Gonse etc. vorfanden, eine Günstlingswirthschaft, wie sie mit Esterhazy getrieben wurde, möglich war, die Machinationen, Intriguen, Dummheiten und Verbrechen jener Offiziere die Revisionsbewegung weiter und weiter verzerrten und verwickelten, schliesslich zur Staatskrisis umgestalteten, ist in Deutschland genau so, wie in der übrigen Welt, mit steigendem Unmuth, nirgends mit macchiavellistischer Schadenfreude beobachtet worden. Unser deutsches Interesse an

---

anlangt, so ist man hier endlich darüber beruhigt und billigt mein Verhalten. Was eigentlich jüngst den Kaiser wegen dieser Frage plötzlich so in Harnisch gebracht hat, weiss niemand recht, selbst Hohenlohe nicht. Wahrscheinlich ist irgend ein nichtsnutziger Zwischenträger thätig gewesen. Jetzt ist der Kaiser aber wieder guter Dinge; natürlich will er alles selbst in der Hand behalten und sein neulicher Besuch bei Herbette (dem Berliner Botschafter Frankreichs) hat viel zu reden gegeben." Ist, wie ich vermuthe, der ursprüngliche Text deutsch gewesen, so kann die vorstehende Rückübersetzung aus dem französischen auf wörtliche Treue keinen Anspruch machen.

der sittlichen und politischen Gesundheit eines grossen europäischen Kulturvolks, unser Gerechtigkeitsgefühl, zum Theil vielleicht auch unsere Sentimentalität überwogen bei weitem alle kühlen staatsmännischen Berechnungen. Wären wir lediglich den letzteren gefolgt, so hätte uns Nichts erwünschter kommen können, als die endlose Fortsetzung der Dreyfus-Wirren. Da nun aber einmal gegen unseren Wunsch und unsere Sympathien dank der französischen Armeeverwaltung, dank dem französischen Antisemitismus und Klerikalismus die „Affaire“ das Geschwür geworden ist, das wir in den vorstehenden Blättern zu schildern versucht haben, dürfen wir heute allerdings auch dies Ergebniss dem politischen Gewinn zurechnen. Die Revanchegelüste Frankreichs gegen Deutschland werden sich für ein Paar Jahrzehnte weiter gedulden müssen. Die Allianzfähigkeit Frankreichs, seine Angriffs- und Widerstandskraft in der internationalen Politik sind für geraume Zeit aufs empfindlichste geschwächt. Man darf zweifeln, ob beispielsweise England in der Faschoda-, Maskate-, Madagaskarfrage je mit so beleidigender Rücksichtslosigkeit gegen Frankreich aufgetreten wäre, wäre es nicht von der Paralysirung der gesammten französischen Politik durch die „Affaire“ überzeugt gewesen.

Es war ja nicht der stets tapfere französische Soldat, es waren die kläglichen französischen Generale, die das Débacle von 1870/71 verschuldet haben. Heute weiss Jedermann, dass die französische Generalität in ihren „grands chefs“ seitdem nicht besser, sondern schlechter geworden ist. Urtheilt man nach der „Affaire“, so sind Günstlingswirthschaft, gehässige Rivalitäten, politische Streberei, Leichtgläubigkeit, Unwahrhaftigkeit, Beschränktheit unter ihnen heuer noch ärger zu Hause, als sie es beim Zusammenbruch des Empire waren. Im Bündniss mit einer von soviel Inkapazität geführten Armee wird keine Macht der Welt sich frohen Muths auf Abenteuer einlassen. Insofern darf die „Affaire“ einstweilen als ein dem europäischen Frieden günstiges Ereigniss deutscherseits begrüsst werden. Endlich hat die Dreyfus-Hetze das ihrige dazu beigetragen, in den Reichslanden die französischen Zuneigungen abzulenken. Die Zahl der gut französisch gesinnten Elsasser, die ob ihrer sogen. Dreyfus-

Freundschaft in Frankreich Jahre lang aufs gehässigste beschimpft, und in jeder denkbaren Weise misshandelt worden sind (Scheurer-Kestner etc.) ist nicht gering. Derartige Niedertracht frisst denn doch geraume Zeit in den populären Stimmungen der grossen Masse fort. Auch das mag Gewinn für Kaiser und Reich werden.

Die französische Nation ist leichtlebig und raschlebig, sie hat seit der grossen Revolution der Staatskrisen, Staatsumwälzungen, Katastrophen so viele überstanden, sie in kürzester Frist vergessen und überwunden, sie wird auch über die „Affaire“ hinfortkommen. „Die Franzosen haben kein Gedächtniss, das ist ihr Unglück. Die Frucht jeder That und jeder Unthat geht hier verloren, — durch Vergesslichkeit“ (Heine, Lutetia VI, 441). Die Dinge der thatsächlichen Welt bewahren eben ihre Logik für sich, wirken mit stiller elementarer Gewalt unter der Oberfläche fort, reihen sich ein in die den Auf- und Niedergang der Nationen bestimmenden Kräfte, gleichviel, ob das den Menschen lieb oder leid ist. In diesem Sinne wird aller Voraussicht nach auch der Dreyfus-Handel von einer kommenden Geschichtsschreibung als einer der Marksteine verzeichnet werden, die in der politischen Entwickelung des französischen Volkskörpers für den Beginn einer neuen Phase mindestens symptomatisch bedeutungsvoll sind. Ehe die „Affaire“ ihre Wellenkreise zu schlagen begann, schienen alle Anzeichen dafür zu sprechen, dass sich in Frankreich gegen den rettungslos verfallenen Parlamentarismus der radikalen, atheistischen Bourgeoisie eine Reaktion wesentlich konservativ-katholischen Gepräges vorbereite. Die weitsichtige römische Kurie hatte sich mit dem Gedanken abgefunden, da die Monarchie einstweilen gänzlich versagte, sich die Republik gefallen zu lassen, und das republikanische Regiment quand même unter die Faktoren ihrer die Welt umspannenden Restaurationspolitik mit aufzunehmen. Allmählich hatte das stille klerikale Walten es verstanden, einen sehr erheblichen Theil des französischen Offizierkorps, die „grands chefs“ ebensowohl, wie die unteren Chargen, durch den Einfluss von Kloster und Schule unter die Botmässigkeit der Kirche herunterzuziehen. Nicht minder erhebliche Bestandtheile der bisher von dem Geiste Renan's und

Taine's beeinflussten Intellektuellen — Brunetière, Lemaître, de Vogué u. a. m. —, angeekelt von der parlamentarischen Misswirthschaft, der zerfahrenen Regierungslosigkeit und der zunehmenden Verödung der radikalen Tendenzen, hatten sich ebenso offen dem Schoosse der alleinseligmachenden Kirche wieder zugewendet. Der Antisemitismus Drumont's und seine „Libre Parole“ befanden sich gänzlich unter klerikaler Leitung. Alle das französische Volk durchziehenden Hoffnungen endlicher Revanche gegen Deutschland gewöhnten sich allmählich an den Gedanken, zunächst einmal mit Hülfe der Armee und der Kirche dem Staatswesen Ordnung, Bestand und Kraft zurückzugeben, und auf solchem Boden dann energisch und folgerichtig die Pläne einer Auswetzung der Scharte vom Jahre 1870 in Angriff zu nehmen.

Wie immer man nun auch die Aussichten nahen oder fernen Erfolgs dieser weitverzweigten, sehr mächtigen und in sehr engem Bunde zusammenarbeitenden Tendenzen beurtheilen mag: einstweilen hat die „Affaire“ ihnen einen gewaltigen Rückschlag versetzt. Es war mehr als ein Verbrechen, es war ein kolossaler politischer Fehler ohne gleichen, dass der katholische Klerikalismus die ihn nichts angehende Sache der Dreyfus-Schuld zu der seinigen machte, dass er mit täglich kopfloserer Halsstarrigkeit, täglich fanatischerer Heftigkeit Intrigue auf Intrigue, Lüge auf Lüge häufte, nur, um den Exkapitän auf der Teufelsinsel festzuhalten und seine Ankläger zu vertheidigen. Als die Hand des Père Du Lac in dem widerlichen Intriguenspiel durchsichtig wurde, das — nicht etwa von Henry, du Paty, Esterhazy auf eigene Faust, sondern vom Kriegsministerium und Generalstab solidarisch — mit dem document libérateur, der dame voilée und der Picquart befreundeten Dame gegen die beiden letzteren aufgeführt wurde, da schwand der letzte Zweifel an den hinter den Anti-Dreyfusards thätigen klerikalen Kräften. Es fehlte nicht an überzeugten französischen Katholiken, die eindringlich und einmüthig ihre Glaubensgenossen warnten, die katholische Kirche und den katholischen Glauben nicht in einen absurden Gegensatz zu bringen mit den für Recht und Gerechtigkeit kämpfenden Elementen der Dreyfus-Affaire. Aber die bestgemeinten

Warnungen verhallten im Leeren, und es schien hier wieder Wahrheit werden zu sollen, dass Gott dem, den er verderben will, zuvor den Verstand nimmt. Die unvermeidliche Folge der ungeheuerlichen Verblendung ist, dass heute, da der Zusammenbruch der Dreyfus-Anklage und seiner elenden Ankläger Thatsache geworden ist, die katholische Kirche diese Niederlage nicht nur als ihre eigene tragen muss, dass sie den ganzen Haufen ihrer Anhänger im Heere, in der Politik, unter den „Patrioten", Nationalisten, Antisemiten in das gleiche klägliche Schicksal verstrickt hat. Heute hat Urbain Gohier, haben die Epigonen der Kommunards und gewisse freimaurerische Konventikel mit ihren allem Berufssoldatenthum feindlichen Bestrebungen entschieden wieder die Oberhand. Nun meine ich durchaus nicht, dass damit das letzte Wort in der „Affaire" gesprochen ist.

Der französische Parlamentarismus hat sich durch die „Affaire" weder sittlich noch intellektuell verjüngt, der bürgerliche Radikalismus bleibt vor wie nachher politisch und geistig dieselbe vertrocknete sterile Pflanze, und die nationalen Bedürfnisse, Ansprüche, Aspirationen eines grossen, kulturalten Volkes erheischen allendlich doch eine vollere Befriedigung, als sie ihnen in jenen verödeten Kreisen geboten werden kann. Wohl aber, glaube ich, werden die militärisch-cäsaristischen Bestrebungen, die dem parlamentarisch-republikanischen Siechthum abzuhelfen entschlossen sind, fortan eine etwas antiklerikale Farbe annehmen. Mit der bigotten Richtung, die unter Boisdeffre's Auspizien im Grossen Generalstabe Frankreichs vorgeherrscht hat, ist es denn doch wohl für eine Weile zu Ende. Wer Leute vom Schlage der Henry, du Paty, Esterhazy für militärische Kapazitäten erachtete, dessen soldatisches Unterscheidungsvermögen bleibt trotz aller klerikalen Inspirationen für den Ernstfall allzu gefährdet. Der niemals schlummernde Ehrgeiz der Generale und die dem Gouvernement zu Gebote stehenden Machtmittel werden also dafür sorgen, dass ein grosser Theil der militärischen Freundschaften mit dem Weihwasserwedel, der intimen Liaisons mit Jesuiten und Antisemiten abgebrochen wird, und eine weltlichere, intelligentere, technisch begabtere Richtung in der französichen Armeeführung oben aufkommt. Abrüsten und die Flinte ins

Korn werfen, wird um deshalb der Klerikalismus gewiss nicht. Aber es könnte sich ereignen, dass fortan im französischen Offizierkorps die katholisch-kirchlich gesinnte Richtung mit ihren konservativ-monarchischen Velleitäten und die republikanisch-weltlich gerichtete Strömung miteinander in bewussteren und feindseligeren Gegensatz treten, dass, ähnlich, wie in Spanien, jede der sich bekämpfenden politischen Faktionen in einem sie beschützenden und von ihr beschützten ehrgeizigen General Rückhalt findet. Die Behauptung, innerhalb der französischen Armee seien die Politik und der Widerstreit der politischen Parteien zum Schweigen verurtheilt, ist längst eine fable convenue.

Und wäre es bisher keine Fabel gewesen, so wird die „Affaire“ sicherlich dafür sorgen, dass die Fiktion von dem politischen Unschuldsalter der französischen Armee in den Sagenkreis zurücktritt. Damit würde die von den besten französischen Köpfen so oft ausgesprochene Befürchtung, Frankreich sei im Begriff, die Wege spanischer Staatsauflösung zu wandeln, sich weiter verwirklichen. Im Grunde trägt die rücksichtslose Art, mit der die Aufrechterhaltung der Dreyfus-Verurtheilung zur militärischen Ehrensache erhoben wurde, schon starke Züge eines soldatischen Pronunziamentos an sich. Alles in Allem genommen, ist mir in stetiger unbefangener Beobachtung der französischen Dreyfus-Wirren der Gesammteindruck zurückgeblieben, als hätten wir Deutschen durch die Niederwerfung Frankreichs im Jahre 1870/71 und durch die Loslösung der protestantisch - germanischen Volkselemente des Elsass vom französischen Volkskörper den fortschreitenden Verfall der gallischen Nation denn doch in viel weittragenderem Maasse gefördert und beschleunigt, als wir es selbst ahnten. Dass eine nüchterne Frage des Rechts und der Gerechtigkeit in solcher Breite, Tiefe, Andauer ein ganzes Volk in verworrene Gährung zu versetzen im Stande sei, dazu gehörten neben den realen Ursachen, auf die im zweiten Abschnitt dieser Schrift hingewiesen ist, eine ungewöhnliche Anhäufung der giftigsten Zersetzungsstoffe im französischen Volk und seinem Staatswesen. Die „Affaire“ in ihren schlimmsten, unheimlichsten Charakterzügen trägt ein echt gallisches Angesicht, durchfurcht von den Trieben der Grausamkeit, Unwahrhaftigkeit, Leichtfertigkeit, prahlerischer Eitelkeit, flunkerhaften Grössenwahns. Wer der Meinung ist, dass dieser verdorbene Boden, aus dem die „Affaire“ Jahre lang sich genährt, nicht einfach dadurch sanirt werden kann, dass irgend ein neues Urtheil Alfred Dreyfus von der Anklage des Landesverraths freispricht und die Dreyfus-Akten bureaumässig geschlossen werden, der wird geneigt sein, die historische Bedeutung der „Affaire“ gerade darin zu suchen, dass sie jene uralten Erbsünden gallischen Volksthums vor der Welt und der eigenen Nation wieder einmal unzweideutig zur Erkenntnis gebracht hat.

Renan soll einmal den „Patrioten“ Déroulède gewarnt haben, er möge die Agonie Frankreichs nicht ferner stören. Indessen Individuen, und noch öfter Völkern ist es beschieden, ihr Dasein unter Konvulsionen zu vollenden, die den Tod nicht aufhalten, sondern beschleunigen. Hatte schon der Boulangismus alle Anzeichen eines solchen letalen Krampfanfalls, so sind sie der „Affaire“ Dreyfus noch deutlicher aufgeprägt. Der perverse Grundsatz „Avant tout l'honneur de l'armée“, der diesen ganzen Rechtshandel beherrscht hat, ist doch nichts anderes, als der brutale Gesinnungsausdruck eines souveränen, alle übrigen Interessen des Gemeinwesens den militärischen Ansprüchen und Gelüsten unterordnenden Prätorianerdünkels. Schon diese Erscheinung gehört den Perioden der Dekadenz an. Sinkt aber gar die jener hochmüthigen Armeeverherrlichung voranflatternde Fahne in die Hände solcher Fähnriche herunter, wie es Esterhazy und Henry waren, dann ist auch dieses Prätorianerthum längst unfähig geworden, dem Staat das Leben fortzufristen und seine Agonie aufzuhalten.

Druck der Norddeutschen Buchdruckerei, Berlin SW., Wilhelmstr. 32.

FSC
www.fsc.org
MIX
Papier | Fördert
gute Waldnutzung
FSC® C083411

Kolibri 360 GmbH
Ferdinand-Jühlke-Straße 7
99095 Erfurt, Deutschland
produktsicherheit@kolibri360.de